真夜中のディズニーで考えた幸せに働く未来

鎌田 洋

河出書房新社

はじめに

東京ディズニーランドのオープンは1983年4月15日。アメリカ以外の国にディズニーランドができたのは世界で日本が初。オープニングセレモニーは日本中が大注目の一大イベントで、あいにくの小雨だったが、多くの報道陣が詰めかけ、待ちに待ったオープンを楽しみにゲスト（お客さま）もたくさん来てくださっていた。

そのとき、私はオープニングスタッフとして働いていた。26歳でディズニーの世界に出会い、魅せられ、憧れた。私は新しい夢を見つけて、人生という航路で大きく舵を切ることになったのだった。

人生の方向転換には覚悟が必要になるし、不安やリスクもともなう。

最近は最初から自分の限界を自分で決め、小さな世界の中で生きていくことを選ぶ人も多い。閉塞感漂うこの社会の隅で一人で悩んだり、あるいは悩むことさえあきらめて、日常の中に沈み込んでしまう人もたくさんいるだろう。確かに、世の中はあまりにも混沌としていて、その中に身を置いていると、人生に絶望感を抱いたりもする。

けれど、自分の人生を捨てさえしなければ、必ず明るい明日が来ると私は信じている。本当は、誰だってあきらめたくないはずだ。弱気で萎縮した自分に別れを告げ、地下深く眠っていたマグマが噴き出すように、真っ直ぐで熱い心で生きていきたい！　そして、「こんな風に生きていきたい」という自分の心に素直になって周りを見渡してみると、これまでと違った景色が見えてくる。目の前の「今」も、願う「未来」も輝き出すのが分かるだろう。

そして、その未来を信じる心を呼び起こすきっかけになれば、とこの本を著した。私はディズニーで働きたいと思ってから、また実際に働いてから、「仕事」について、そして「人生」について考え、学んだことがたくさんあった。その経験から、幸せに働く未来に向かえるよう「仕事」と「人生」について自分で考えるためのヒントを話してみようと思う。心に負荷を与えるようなものは、私自身が苦手だ。どうか肩の力を抜いて気軽に読んでほしい。そして、自分の仕事や人生にあてはめ、やってみたい、できそうだと思うことがあれば、一つでもいいから行動に移してほしいと思っている。

小さな一歩を踏み出してほしいのだ。

自分の世界に閉じこもるのではなく、自分の周りにある希望の光を見つけてほしい。

CONTENTS

はじめに……2

1 「やりたい仕事じゃない」と向き合う

自分は「その他大勢」に過ぎないと認めるところからのスタート……12
準備に手を抜かないことが後の自分の仕事をスムーズにする……19
業務のその先にある自分の仕事の意義を考える……22
基本を覚えれば、不思議と仕事は楽しくなってくる……27
仕事は表舞台ばかりではない、裏方のさらに裏方の仕事に向き合う……30
周りの評価を気にせず、自分ができることに集中する……34
誰のどの仕事も会社の大きなプロジェクトを支えている……36
どんな仕事にも、達成感と心が晴れる瞬間がある……38
自分の仕事への誇りが働く姿勢を変える……40
感謝の気持ちを持つことが自分のやる気を高める……42

現場は常に試行錯誤、仕事の仕方を変えることに柔軟に……44
今、自分ができることは、すぐに自分でやる……46
自分の業務にとって、最も大事なことを見失わない……50
自分の仕事じゃなくても、できるだけ人を助ける気持ちと余裕を持つ……51
いつも人を頼らずに自分で考えるようになる……54
情熱と向上心、そして、ユーモア精神を持つ……58
飾らない自分を見せられる信頼できる人を見つける……59
向上心と人を尊敬する気持ちがあれば
さまざまな「出会い」が有意義なものとなる……62
仕事で夢を叶えるには大きな理想を持つこと……64
夢を叶えるためには具体的な目標を持つこと……68

2 今いる場所でステップアップするとき

自分に訪れる小さな変化を冷静に真摯に受け入れる……74

大切にすべきは仲間とのコミュニケーション……75
難題解決には有言実行で自分を鼓舞する……79
リーダーとしてのお手本、チャック・ボヤージン……84
自分が何を求められているのか それを理解して、応える……87
周りに「教える」ことで、自らも振り返る……89
教育係から教育部門へ――自分たちの仕事を広く俯瞰的に見る……94
同じ目標を持つ仲間の声をしっかりと聞く……96
幸せに働くために互いに互いの仕事を称え合う……101
経験を活かして仲間に共感し、アドバイスをする……105
話すだけではなく、「聴く」ことを身につける……107
仕事でのステップアップは自分の人生を見つめ直すきっかけにする……110

3 次の夢に向かうとき

今のテリトリーの外で、頭と心のアンテナを張る……115

夢の実現には「下ごしらえ」が大事……117
夢を叶えるためには「自分の武器」を持つ……120
夢の継続のために、必要なお金を生み出す方法を考える……122
「自分の武器」にあったアクションプラン（戦略）を考え、そして実行する……125
「待ち」の姿勢ではなく、地道なやり方でも「自分で動く」……129
夢の継続——伝え続けるということ……132
幸せに働くために自分の夢を探す……136
自分の人生における「成功」とは何か、を考えておく……142

4

あきらめないことでやりたい仕事や夢に近付く

小さな「転換点」の積み重ねで人生は少しずつ動き出す……147
心揺さぶられるものに出会ったら手を伸ばそう……149
そのときの自分ができることを考え行動に移してみる……152

運命とは、努力してきた自分が引き寄せるもの……159
夢を持ち続けるためにも、生活を成り立たせる……161
チャレンジを続けながらタイミングを待つ……162
あきらめないために、自分でチャンスを摑みにいく……164
どん底にいるときは、徹底的に凹んでみる……172
新しいパワーは、想像の翼を広げることで生まれる……174
押しの一手ばかりでは空回りすることもある……176
人に話すことで、頭と気持ちはリセットできる……179
悔いが残るとすれば、チャレンジしないこと……180
家族は自分の夢のパートナー 応援してくれる人がいるから頑張れる……184
価値観は人それぞれ 自分の生きたい未来は、自分で創る……190
幸せに働き、夢を実現するためのワークシート……192
おわりに……198

1

「やりたい仕事じゃない」と向き合う

思い描いている夢や目標と違う仕事をすることも少なくないだろう。もしかしたらそういう人やそういう時期のほうが多いのかもしれない。少しのあきらめと失くしてしまったやる気となんだかだるい心と体。明日も仕事か、と重い足取りの毎日。どうにもスッキリしない日々から一歩動き出したい、何かを変えたいと思っている人はきっとたくさんいるのではないだろうか。だからと言って、一時の感情の爆発だけで（そんな仕事をするくらいなら辞めてやる、などと言って）人生を大きく動かすのは、少し投げやりなやり方。それは自分で人生を決めているように見えて、外からの要因に突発的に反応してしまっただけに過ぎないからだ。自分の人生を動かすのは、他の誰でもない自分であってほしいと思う。

人生において不本意なことはたくさんある。けれど、今、自分の前にある仕事が、心の底からやりたい仕事ではなかったとしても、目をそらさず気持ちをそらさずに真剣に向き合ってみると、不思議なことに後々の自分に必要な何かが身に付いてくる。そのときは気付けなくても、後で振り返れば意味のあることになることが多い。むしろ、その「意味」を自分で作ってあげるのだ。「ああ、あのときのあれは無駄じゃなかったんだな」と思える人生って悪くない。せっかく縁があって巡り合った仕事なんだから、まず一度は頑張ってみる、というのは十分アリだと思う。

その一方で、一度就職したら自分の夢をあきらめなくてはいけないというルールもない。目の前の仕事にしっかり取り組みながら、自分の夢を追ってもいいはずだ。よく「運も実力のうち」だと言われるし、実際、自分の仕事人生を振り返ってみても、「運がよかった」と思うことも多い。しかし、「よい運」はどこからともなく突然自分の人生に転がり込んでくるのではなくて、日頃の人生に対する自分の姿勢で決まるのではないかとも思うのだ。希望通りの道でなかった場所で「思ったよりも、楽しい。やりがいがある」と新しい価値を見つけることも、とても多いものだ。自分の頭の中だけで、先にがちがちに決め過ぎないほうがいい。逆に、絶対にこの仕事をしたい、絶対にこの会社に就職したい、と強く願う気持ちは大事にしたいし、その目標に向かって努力することももちろん大切だ。けれど、働き始めた後のことは誰にも分からない。自分の中で過度な期待をしていると、がっかりしてしまって、「こんなはずじゃなかった」と必要以上に気持ちが落ち込んでしまうこともある。

今からお話しするのは、まさに「こんなはずじゃなかった」と入社初日にがっくりと落ち込みうなだれた私が、「やるしかない」と、まずは懸命に働いてみた話。

自分は「その他大勢」に過ぎないと認めるところからのスタート

「今日、お集まりの諸君は厳しい選考を勝ち抜いてこられた選ばれた人たちです。本当に入社おめでとうございます。来年の開園に向けて皆さんの力が必要です。」

1982年、今からもう四十年以上も前の話。グランドオープンを翌年に控えた「東京ディズニーランド（まだ建設工事中）」で働くために採用された人たちの中に、当時31歳の私もいた。

壇上で、真っ白なブレザーを着た人事部長が挨拶をしている。当時、日本のサラリーマンはダークグレーや紺色のスーツを着ていることが多かったので、彼の着ている真っ白なブレザーはそれだけで新鮮で、とても洗練されているように感じられた。彼の話を聞いていると、自分の気持ちが高揚していくのが分かり、同時に身の引き締まる思いがした。

私は大学卒業後、紙専門の商社に勤めていた。業界では当時第2位の規模で業績が安定しており、本社は都内、地方支店は北海道から九州の大都市にあり、海外支店も北米、ヨーロッパ、豪州、アジアとそれなりに貿易商社としての体裁を持ち合わせている会社だった。同期は50名ほどいて、確固とした目的意識もなく就職したものの、会社生活はそれなりに楽しいものだった。配属先は国内の営業部門で（残念ながら希望していた貿易部ではなかったが）とりあえず夢中で働いた。やがて、念願の貿易部に異動になり、夢の海外勤務があるかもしれないと期待もしつつ意気込んで新しい職務についた。しかし、実際に仕事を始めてみると、あんなに憧れていた貿易部だったのに、どこかしっくりこなかった。自分なりの達成感はあるものの、上司や先輩、部全体の雰囲気は営業部とは全く異なり、はつらつとした様子がみじんもない。部として新しい何かにチャレンジするような気概もあまり感じられなかった。私は徐々に商社での仕事に対して、感動が薄くなってしまったのだった。まさか、憧れていた貿易部で、仕事に対して疑問を抱くことになるなんて不思議なものだ。目的などはっきりしていないままに配属された営業部時代のほうが、仕事が楽しく、そして今でもよく思い出せる。上司も先輩も同僚も、このときに出会った人たちとは、長い付き合いになった。

私は入社二年目の冬（まだ営業部にいた頃だ）に結婚し、新婚旅行のツアーでロサンゼルスのディズニーランドに行った。そこは見るものすべてが日本の遊園地とは違っていて、魅力的なアトラクションに、あふれる人々の笑顔、そして綺麗な園内が印象に残った。思えば、そのときからずっとディズニーの世界に憧れていたのだと思う。

貿易部での仕事に辟易していた社会人四年目のある日。新聞で日本にディズニーランドができることを知った。そわそわした気持ちで過ごしていると、のちに社員募集の広告が目についた。私は勤めていた商社に辞表を出し、オリエンタルランドの社員採用試験に臨んだ。そこから足かけ三年、4回の試験に落ち、5回目でようやく入社できたのだった。

やっと、やっと入社することができた憧れのディズニーランド！　自分は一体どんな仕事をするのだろう、とワクワクしていた。待ちに待った入社式の日。その日の心のたかぶりといったらなかった。これから新しい人生の幕開けだ、夢と魔法の王国で働くのだ！　と。ずっと憧れていたディズニーランドで働くことができるのだから、どんな仕事でも精一杯務めようと期待に胸をふくらませ、希望に満ち溢れていたのだ。

人事部長の挨拶が終わると、配属先が言い渡される。念願のディズニーでの仕事、一体どんな職種に就くのだろうか。ドキドキしながら発表を待った。

「運営総括部、カストーディアル課配属。」

カストーディアル？　一瞬思考が止まる。カストーディアルって……掃除？　清掃員ってことか？　箒と塵取りが脳裏に浮かぶ。ふと、面接のときに「君は、身体は丈夫かね？」と聞かれたことを思い出した。なるほど、あの質問の意味はこういうことだったのか。

掃除は大事だけれど……。正直なところ、内心がっかりだ。

想像してみてほしい。有名な大企業や憧れのブランド……ずっと働いてみたかった職場に入社して、こんな仕事やあんな仕事をしてみたいと意気揚々としているところに「君の仕事は、掃除だよ」と言われたときの気持ちを。掃除でなくてもいい。自分が望んでいない職種や想像もできなかった裏方の仕事を言われたとしたら。せっかく頑張って採用試験をくぐり抜けてきたのにと、誰だって差こそあれ、意気消沈するのではないだろうか。

ディズニーランドに関われる仕事なら、どんな仕事でも頑張るぞと息巻いてはいたものの、心の中のどこかでせっかくディズニーランドで働くのならば、アトラクションとかショー関連だとか、少し華やいだ仕事に就きたいという気持ちがあったのだろう。自分の業務が掃除だと知った私の心中は穏やかではなかった。それに、この三年間、採用試験を受ける（そして落ち続ける）私をずっと応援してくれていた妻に何と言えばいいのだろう。「僕の仕事は掃除だったよ」と安易に言ったら、卒倒するかもしれない。

確かに、掃除は大切な仕事だ。たくさんの人が訪れることになるであろうディズニーランドは清潔でなければならないのは当然で、掃除の重要性ももちろん理解できる。しかし、頭で分かってはいても、いざ自分がその任にあたるとなると、どうしても尻込みしてしまう。誰かがやらなくてはいけない仕事だ、そしてそれは今ここでは自分なのだ、と頭で分かってはいても。

想いと行動を一致させることは、
口で言うほどやさしくはない。
理想と現実の間で心が揺れ動くもの。

私が複雑な気持ちを抱えていたように、周りも少なからず、意気消沈していたような気がする。カストーディアルに配属になった社員は大学卒から高卒、専門学校卒と学歴もさまざま、さらには職歴や年齢もさまざまだった。大学卒の社員の中には、明らかに腰掛け的に構えている人もいたが、その誰もが、ディズニーランドのオープニングプロジェクトに参加することになって、掃除はないだろうと思っていたに違いないのだ。

カストーディアルは、今でこそテレビで取り上げられたりもして（濡れた箒で地面に絵を描くなどのパフォーマンスをしている）人気職種になっているけれど、当時は積極的に掃除の世界に飛び込みたいと思ってディズニーに入ってくる人は、おそらく皆無だったのではないだろうか。

思えば、これは5回目の採用試験で受かった人たちの入社式。この時点で、既に各専門分野の人員は確保できていたはずで、開園を翌年に控え、現場で実務をするスタッフが必要とされていたのだろう。専門的知識がなくても、入社してからの教育で十分やれる仕事がほとんどだったのだ。おそらく、誰もが前職の業種にさほど関係なく採用されていたに違いない。同じ日に入社した人だけでも50名ほどはいたと思う。さらにその日以降、毎日のように入社式があったように記憶している。それだけ多くの人が採用されていた時期だった。

――つまり私は「その他大勢」として採用されたのだ。採用試験と並行して英会話学校に通ってまで思い描いていた、アメリカ研修に派遣されるような「選ばれた人材」ではないという現実を入社初日に突きつけられたわけだ。5回の採用試験を経てなお自分の想いを試されているような気がした。

ともあれ、ディズニーランドで働けるというのは事実で、まぎれもない現実。やらないなんて選択肢は私にはないと思った。掃除だって何だって、やるしかないのだ。

準備に手を抜かないことが後の自分の仕事をスムーズにする

しかしながら、私がカストーディアル部門に配属されて最初の仕事は、掃除の仕方を覚えることですらなく、ディズニーランドの施設の図面を元に、自分たちカストーディアルの業務に関わる「確認」を行うというものだった。

アトラクション、ショップ、レストランなど、オンステージ・バックステージ（お客さまから見える場所・見えない場所）にかかわらず、パーク内の隅々まで徹底的に把握し、どこに何があるのか、どんな作りになっているのかを確認し、覚えていく。アトラクションや路面など基本的な施設の他に、トイレの便器、水飲み場、ベンチなどの数や位置を把握する。

その確認を兼ねて施設の図面を色で塗り分けながら、建設中の現場にも足を運んでチェックしたりもした。とにかく最初は、施設図面を確認しながら、指定の色に塗り分けるという作業をひたすら行った。清掃部門に配属されたというのに、最初は掃除すらせずに施設図面とにらめっこの日々。しかし、きっとこれもカストーディアルの業務のうちなのだろうと、私は懸命に取り組んだ。

清掃部門というからには、当然カストーディアルはすべての施設の清掃に責任がある。単に箒と塵取りを持って、通路に落ちているごみを拾うだけの仕事ではない。ゲスト（パークを訪れる来園者のことをディズニーランドではこう呼ぶ）が目にするもの、ましてや手で触れる範囲は毎日綺麗にするということを教わった。そんな風に聞くと、現実味のない机上の空論のように感じられる。ゲストが歩く通路、休憩するためのベンチやテーブル、アトラクションのライド（乗りもの）、水飲み場やトイレに至るまで、限られた時間ですべての施設を清掃することなど可能なのだろうか？　もしかしたらそれは清掃に携わる人たちを鼓舞するための高い理想のようなものなのかもしれない、とさえ思う。

しかし、その途方もない理想を実現するために、ありとあらゆることを考え、計画するために一番重要なのがこの施設図面と現場とのチェックだったのだ。どこにどのくらいの人員が必要で、どこからどのように作業すれば効率がよいのか、どういった資材を調達するかなどを検討し、確定していくことが必要で、そのために自分たちの仕事の「現場」を把握する、それがこの掃除という仕事のスタートだった。

この業務の手前である下準備がどれほど大事だったかを、後から私たちは痛感することになる。パーク内の施設をしっかり把握しておいたことで、私たちは本来の清掃業務にスムーズに入ることができ、しっかりと集中して取り組めたのだった。

新人のうちは、業務の本当の重要さは分からないことも多い。
こっちは大事そうだからしっかりやろう、
こっちは無意味に感じるから適当にやろう、などと自分で決めずに、
まずはすべて懸命に取り組んでみること。

そこまで手間と時間を掛けるほどの作業ではないのではないか、と一見思うようなことも、実は重要な核になっていることがある。準備をきちんと行うことこそが、後々自分の仕事の質と効率をあげてくれるのだ。

業務のその先にある
自分の仕事の意義を考える

カストーディアルはパークのすべての施設の清掃に責任を持つ、と教えられた。しかし、配属されたばかりの私たちは、自分が担当する具体的な持ち場や業務についてはまだ決まっておらず、それがどれほどのことなのか、よく理解もできていなかった。漠然と「広いし大変そうだな」くらいに受け止めていたのだ。具体的に担当が振り分けられるまでの間は、パークの図面を見ながらの現場確認と並行しながら、清掃の技術を習得する日々となった。「社会人になって掃除の仕方を学ぶことになるなんて……」というネガティブな気持ちをどこかに抱えていたことは否めない。とはいえ、ほとんどの社員は掃除のことについては全くの無知だったのだから、当然といえば当然のことなのだ。

親会社と関連する清掃会社から、掃除の知識を持つスタッフが派遣された。4人の幹部スタッフ、さらには掃除の技術を持ち合わせたスタッフ（スーパーバイザークラス）が数人いた。彼らの指導を仰ぎながら、基本的な掃除の技術を学んだ。「掃除」は誰もが日常の中でこなしているもので特別なことではないように思えるのだが、広いパークを綺麗にする「仕事」として捉えると全く違っていて、やはり技術を身につけるのは簡単ではなく、自分たちが想像していた以上の労力と時間を要した。

パークの建築現場には仮設のオフィスが数棟建てられており、既に会社全体で数百名の人間が働いていた。当然、その仮設オフィスの掃除も必要となるのだが、カストーディアルの体制が整うまでは、親会社の関連する清掃会社がその仕事を担当していた。床やトイレ、窓ガラスの掃除などとにかく現場が多岐に渡っていて、とてもじゃないが、未熟な私たちには手に負えなかったのだ。

開園が近付くにつれ、それぞれの部署にアメリカからカウンターパートが少しずつ増員された。カウンターパートとは、ウォルト・ディズニー社から派遣されるヘルプ要員のことで、私たち日本人スタッフに適切なアドバイスをくれたり、ディズニーのやり方が守られているかを監督したりする役割の人たちだ（開園前後には数百人の外国人スタッフがカウンターパートとして来日していた）。

外国人スタッフの人数が日増しに多くなり、会社全体がいよいよ慌ただしくなってきた。カストーディアルにも数名のカウンターパートが派遣された。皆、現役のカストーディアルキャストなのだが、その中に、既にディズニーを卒業し独立していたが、この東京ディズニーランドのプロジェクトのために復帰したという人物がいた。本場アメリカのディズニーランドではとても有名な人で、ウォルト・ディズニーの理想を現実のものとし、ディズニーランドの掃除を確立したとされる人物。その人の名はチャック・ボヤージン。「掃除の神様」と言われる人だった。

チャックさんはとても温厚な人だったが、一本筋が通った印象があり、妥協をしない誠実な人だった。チャックさんからの提案で、まず外部の清掃会社に依頼していた仮設オフィスの清掃を含め、すべての業務を我々で行うことになった。

内心、これは大変だと思った。床を磨くための機械なんか扱ったこともないし、ワックスを塗ったこともない。ましてやガラス掃除なんて、家の窓ガラスを年に一度拭くくらいなのだから。仮設オフィスの掃除をするために、まず掃除の基本を本格的に習得していかなければならない。それまで「まだまだ勉強中です」という研修生のような気持ちでいた私たちは、急に妙な焦りを覚えた。

ある日、チャックさんから仮設オフィスのトイレに集まるように指示があり、我々はどこか落ち着かない気持ちでトイレの前で待っていた。そこへ、掃除の道具をいくつか持ち、ワイシャツの袖をまくりあげたチャックさんが現れた。通訳を介して次のように言った。

「これからトイレの掃除の仕方を教えます。よく見ておいてください。」

我々は思わず小さく息をのんだ。当時の仮設オフィスのトイレはお世辞にも綺麗だとは言えなかった。建設現場のトイレなんてすぐに汚くなるし、砂埃舞う中にあるオフィスだから、汚くて当たり前のような状況だった。床は茶色く変色しているし、便器には黄ばみや黒ずみがあり、ちょっとやそっとではその汚れは落ちないように見えた。

チャックさんはゴム手袋をはめたかと思うと、スポンジに洗剤をつけてためらいなく手で便器の配水管の下の床を丁寧に磨き始めた。茶色に変色していた床が全く別の色に変わっていった。次は便器の外側。みるみる綺麗になっていく便器を私たちはただただ見つめているばかりだった。そして、便器の内側はブラシを使って洗剤をこすり付けながら丁寧に磨いていった。最後にクローム部分(金属部分)もピカピカに磨いていく。「掃除の神様」はトイレ掃除に何の躊躇もなく、黙々と手を動かした。魔法に掛かったかのように、汚れていたトイレはチャックさんの手によって新品のように輝きを取り戻したのだ。このときの光景は今でも私の脳裏に焼き付いている。

実は私がそうだったように、カストーディアルに配属された皆が、どこか掃除の仕事に対する偏見を持っていて、覚悟が決まっていなかったように思う。そんな私たちの気持ちをチャックさんはとうにお見通しだったのだ。彼はカストーディアルのリーダーとして、自らトイレの掃除をすることで私たちに何かを伝えたかったに違いない。

「カストーディアル」の意味を英語の辞書で調べると「美の管理人」となっている。つまり、カストーディアルは、単なる掃除人ではなく、美しさを維持し向上させるキャストなのだ。肉体労働ではあるが、単なる作業員ではない。ただの清掃業務という捉え方ではなく、カストーディアルという役割を通して、ゲストに幸せを提供する仕事なのだということを、私たちはチャックさんから教えてもらったのだった。

目の前の「業務」の向こうにある「仕事の意義」に気付くこと。

それが、働いていて幸せになれる最初の一歩となる。

ゲストに夢のような時間を過ごしてもらうパーク。その夢の場所を美しく綺麗に保つのが私たちの仕事なのだ。

基本を覚えれば、不思議と仕事は楽しくなってくる

私たちの中にあった掃除という仕事に対する気持ちが、このときを境に変化し始めた。自分たちは単に汚れたところを掃除しているのではない。パークをよりよい環境に保ち、訪れるゲストを幸せにするために仕事をしていると思えるようになった。そう思うと不思議と技術の習得にこれまで以上に身が入る。

チャックさんがトイレの掃除の仕方を手本として見せてくれた後、私たちは試行錯誤をしながら実務的なトレーニングに移っていった。すべての仮設オフィスの清掃を自分たちの手で行うことになったのだ。一層、真剣さも増したように思う。

オフィスの前の道路の歩道をパークの路面に見立てて、スイーピングの訓練をしたりもした。スイーピングとは、箒と塵取りで路面を掃いて綺麗にする掃除のこと。こ

ぼれたポップコーンをササッと片付けるあの動作だ。

ガラスの掃除は、ゴムのスクィージーで洗剤を拭き取るのだが、これが簡単なように見えて手強い。どうしても筋が残ったりする。最初はお世辞にも上手くできたとは言えなかったが、それでも掃除の技術は確実に向上していった。私たちの上達ぶりを示す面白いエピソードがある。仮設オフィスはガラスドアで外部と仕切られていて、場所によっては上から下まですべてガラスになっているドアだった。あるとき、そこにガラスドアがあるのに気が付かずに外国人スタッフが走って来て、そのままそのガラスドアに突っ込んでしまったのだ。それ以来、ガラスドアには目印のテープを貼るようになった。痛がるスタッフを気の毒に思う一方で、「自分たちの腕も随分と上がってきたな」と私たちはひっそりと笑い合った。


目の前に置かれた仕事は、真剣にやってみると、学びが多く、できるようになると、意外と楽しいもの。

やりたくないと思ったことこそ、一度、素直に取り組んでみること。

床はモップでの拭き掃除。使い慣れないモップの扱い方を学んだ。また、ワックスを塗布する実習は、フロアーポリッシャーという回転式の機械を使うため危険もともなった。ときどき回転する円盤に電話機の線を絡ませてしまい、その度に総務部を困らせたが、彼らは怒りつつも大目に見てくれた。

コンクリートの表面を落ち着かせるためのシーラーというワックスをモップで塗る作業などは、訓練というよりは、既に実際の作業といってもよかった。特にバックステージの床の保守清掃は、後々の施設のメンテナンスに影響するものだからとても重要な作業でもある。私も見よう見まねでモップで作業にあたった。

チャックさんからは、ゲストの目の届かないところにも気を配り、しっかりと掃除するようにと教えられた。これだけ聞くと、理想論もしくは概念的なもののように聞こえるかもしれないが、チャックさんは違う。あるとき、小さな手鏡をチャックさんから渡された。それは、真ん中に豆電球がついている奇妙な道具。首をかしげていると、それはなんと便器の裏側を見るためのものだと言う。チャックさんは、ゲストの目の届かないところ――便器の裏側もしっかりと確認できるよう、自身もこの道具を使って掃除していたのだ。カストーディアルのすべてのリーダーに配るようにとこの道具を渡されたとき、そこまで気を遣って掃除に臨むチャックさんの姿勢に、私たちはただただ驚くばかりだった。

パーク内で完成する施設が増えるにつれ、カストーディアル部門がやるべき作業もどんどん増えていった。チャックさんの丁寧な教えの下、私は次第にやりがいを感じるようになっていった。

仕事は表舞台ばかりではない、裏方のさらに裏方の仕事に向き合う

いよいよ、トレーニングをより具体的なものにするために、業務の担当を決めなければならない時期にきていた。ある日、オフィスに集められた私たちの前で、淡々とマネージャーから担当する業務が発表された。このときの緊張感と少しの高揚感は、入社のとき以来だ。自分はどんな業務を、どの持ち場を担当するのだろうとそわそわしていると、私の名前が呼ばれた。

私の所属はまさかの夜間清掃部門「ナイトカストーディアル」だった。

掃除の部署に配属されて意気消沈したところから、少し掃除の面白さが分かってきて目の前の業務に精一杯取り組んでいたところに、まさかのこの配属。掃除という裏方の仕事に、さらに裏方があるなんて思いもしなかった。ましてや自分がそれを担当することになるなんて。

念願のディズニーランドの一員になれたし、掃除という仕事にも愛着が湧いてきていたから、もうどんな決定も受け入れる覚悟はできていたはずだった。それなのに、夜間清掃の担当だと聞かされて、自分が動揺しているのが分かった。

想いがどんなに強くても、人は弱いもの。
実際は常に葛藤している。そんなに恰好いい人生はない。

カストーディアルは、デイカストーディアルとナイトカストーディアルという二つのセクションに分けられた。

デイカストーディアルは、ゲストが日中にパークで目にするキャストだ。箒と塵取りを持ってスピーディに歩く、スイーパーと呼ばれているのが一般的なキャスト。それ以外に、ファストフードで働くバッシングキャスト、ごみ箱からごみを回収するダンプキャスト、さらにトイレの巡回清掃を担当するレストルームキャストなどがいる(これはあくまでもオープン当初の区分けだから、現状は変更になっているかもしれない)。ゲストと触れ合う機会も多く、道やアトラクションの場所を聞かれて案内したり、写真撮影を頼まれたりもする。掃除をしながらゲストの幸せな思い出づくりに一役買える場面も多い。

ナイトカストーディアルの世界は、ゲストは知らない世界だろう。昼間は多くのゲストであふれかえっているので、徹底した掃除はゲストがいない時間にしなくてはならない。そう、つまり、それが夜間なのだ。屋外はもちろんアトラクションやレストラン、ショップ、路面、ベンチ、ごみ箱、ガラス……パーク内のすべての清掃を夜が明けるまでに行う。次の日、綺麗なパークでゲストに笑顔で楽しく過ごしてもらうために。ゲストのいる日中には使えない大きくて重い機材を使ったり、停止しているアトラクションに入り込み、隅々まで清掃したりする。屋外の広い地面は水の勢いで汚れやほこりを洗い流し、レストランの床などのカーペットは専用の掃除機をかけ、手すりや取っ手、アトラクションの持ち手などゲストが触れるところは手作業でしっかりと拭き上げる。

勤務時間は深夜0時から朝の9時まで。私は戸惑った。家族との生活を真逆にしなければならないのだから。当時の住まいは公団住宅の3DK、決して広いものではない。しかももうすぐ子どもが生まれるという時期でもあった。勤務時間中に仮眠時間は全くなく、1時間の食事（午前3時から4時まで）と、朝方6時からの30分の休憩で体を休める。とはいえ、人間の体は夜に寝て、昼に活動するように適応しているはずなのだ。それを強制的に昼間に睡眠をとるようにするというのは自然の摂理に反する。掃除がどうとかいう以前に、果たして、きちんと勤めることができるものなのだろうかと、不安しかなかった。

ナイトカストーディアルとしての初出勤は、忘れもしない1983年1月4日。とっても寒い日で風も強かった。20時頃に自宅を出て、車で40〜50分かけて浦安のディズニーランドに向かった。こんな時間に車を運転して職場に向かっているのが不思議な感じだった。従業員用駐車場に車を停めてカストーディアルオフィスに向かう。ひときわ冷たい風が身に刺さる。なんだかとっても切なくてさみしい気がしてしまう。本来ならば意気込んで元気に出勤と言いたいところだが、全くそうはいかなかった。

まるで意気地がないのだ。海沿いのパークは本当に寒かった。

周りの評価を気にせず、自分ができることに集中する

ナイトカストーディアル部門に配属された私は、環境の変化に戸惑うことはあったものの、開園を控えての忙しさに翻弄されていたこともあり、ただただ、ひたすら自分のやるべきことに集中した。

夜のディズニーランドにはゲストもいなければ上司が常に横にいるわけでもない。誰も私の仕事ぶりを見ていない。どんなに懸命に仕事に励んでいても、その場では誰も私のことを評価してくれない。けれど、今となってはその環境が私を成長させてくれたと思える。誰かの目や評価を期待すると、その評価によって自分の気持ちが左右されてしまう。つまり、自分の感情が誰かによってコントロールされる。そうなると自分の主体がなくなってきて、まるで操り人形のように仕事をすることになってしまう。

私がこのときそうならなかったのは、そこに至るまでに夜間清掃という仕事の意義を理解し、戸惑いがありながらもやりがいを感じ始めていたからなのではないかと思う。周りからの評価ではなく、自分の中の何を信じて仕事をするのかと考えたとき、心の軸のような部分に、チャックさんや他の人に教わってきた、この仕事の意義ややりがいがしっかりとあったのだ。

自分の人生に主体性を持とう。
人は周りの目や評価を気にすると、
その評価によって自分の気持ちが左右されてしまう。

私は中学・高校時代、自分と人とを比べてばかりだった。思春期特有のものかもしれないが、どうしても他人の目が気になってしまったのだ。そんな私がこの夜の清掃を通して、周りの評価を気にするより、自分のできることに真摯に向き合うことの大切さを学ぶことができた。それは、仕事だけではなく人生そのものにも通じることだと思う。

誰のどの仕事も
会社の大きなプロジェクトを支えている

開園に向けての期待感は、おのずとスタッフの中でも高まっていった。オープン前には訓練も兼ね、プレオープンと称してキャストやその家族はもちろん、工事関係者の家族や浦安市に住んでいる人にゲストとして来園してもらった。こうして実際のオープンまで日々準備を重ね、ありとあらゆる場面を想定して訓練をした。我々カストーディアルもそれぞれの施設の汚れ具合を確認し、それに対しての人員配置などを再検討して、自分たちの仕事の流れを調整し、修正していった。

こうして、オープンの日が近付いていていた。シンデレラ城が完成するときには、セレモニーの一環としてメディアが招待され、最先端の塔がヘリコプターによって運ばれるのを、たくさんの取材陣が見守った。

東京ディズニーランドのオープンは、あいにく小雨の降る日だった。1983年4月15日のグランドオープンは今でも忘れられない。あのときの光景が今でも鮮明に目に浮かぶ。

私たちは晴れのこの日のために、前の晩、いつもより気合を入れて掃除に励んだ。すべてのキャストが心待ちにしていた瞬間が訪れようとしていた。その日、私は徐々に夜が明けようとしている頃、キャッスルからワールドバザールの方を見て立ち尽くしていた。夜明けのワールドバザールの通路はオープンのためのセレモニーの準備がすっかりでき上がっていた。報道陣もたくさん来ていて、否が応でも緊張感と期待が高まる。報道陣のカメラに映らないように、私たちは陰からセレモニーを覗いていた。

私はディズニーランドの社員採用に応募し始めてからのこの四年間のことを思い起こし、ディズニーランドのグランドオープンのこの日に、キャストの一員としてパークにいられる喜びを噛み締めていた。

ディズニーランドには、独特の言葉がたくさんある（新しい言葉を創るのが上手いのだ）。その中の一つに、「ディズニーランダーズ」という言葉がある。ディズニーランドの住人という意味で、ディズニーランドで働くキャストのことをこう呼ぶ。もちろん私たちナイトキャストもディズニーランダーズだ。昼のスタッフも夜のスタッフも関係ない。アトラクションのキャストもダンサーも、掃除キャストも関係ない。ディズニーランダーズ皆でこのディズニーランドのオープンまで必死に準備をして、やっとこの日までできたのだ。

どんな仕事にも、達成感と心が晴れる瞬間がある

「毎日が初演」という言葉がディズニーの世界では語られている。パークを一つの大きな劇場と捉え、そこで舞台（ショー）が行われている、という考え方だ。さらに来園するゲストは日々違うのだから、毎日が「初舞台」と捉える。ゲストは毎日違うし、その日のパークはその日限りの舞台（ショー）なのだ。そして、パーク（劇場）にあるものはすべて小道具（プロップスと呼ばれる）と考え、ごみ箱一つでさえ、舞台の小道具であると教えられた。つまり「明日の舞台初日のために劇場を隅々まで綺麗に整える」のが、私たちナイトカストーディアルの仕事なのだ。そう言われると不思議なもので、手も気も抜けない。ゲストのいない時間にしか掃除できないところを、翌日の初舞台のために懸命に磨き上げた。オープン当時には毎日、３００人ほどのナイ

トカストーディアルキャストが真夜中に黙々とパークを磨いていた。

ナイトカストーディアルは昼の華やかな世界とは無縁ではあるが、ナイトキャストだからこそ見ることができる景色というのがある。ゲストはもちろん、デイカストーディアルキャストでさえも知らない世界だ。夜が白々と明け、パーク全体が朝陽に照らされて刻一刻と色彩が変化していく様。ディズニーランドが一番光り輝く美しい瞬間、荘厳とさえ思えるこの一瞬の景色を味わうことができる。とりわけ雪の日のパークの美しさは言葉に表せないほどだ。自分たちの手によって徹底的に磨き上げられた塵一つないパークは、その輝きを一層眩いものにしてくれる。この景色を見ていると、自分たちの仕事がとても誇らしく、晴れがましい気持ちになったものだ。ディズニーリゾートの美観を維持しているのは、自分たちナイトカストーディアルの存在なのだと、胸を張って言えるような気がした。

自分たちが仕事を終えて帰宅の途につく頃、ゲストがパークを目指して歩いてくるところに出会うことがある。こぼれんばかりの笑顔で、これから訪れるパークにワクワクと胸を躍らせている様子に、こちらまで顔がほころんでしまう。そんなゲストの期待に応えられる仕事をしてきたぞ、という満たされた気持ちで我々はパークを後にするのだ。

自分の仕事への誇りが働く姿勢を変える

入社してからひたすら走り続けている間に、すっかりナイトカストーディアルの仕事にも慣れてきた。

当時のゲストはどうしても休日に集中する傾向があり、とりわけゴールデンウィークは地獄のような混みようだった。毎日のように入場制限があったように思う。デイカストーディアルキャストは、連日の混雑にヘトヘトになり、疲れもピークに達していた。もちろん、ナイトカストーディアルの負担も相当なものだった。

来園者が多くなればパーク内の清掃業務量もおのずと増える。常に綺麗にするために日々緊張感とともに仕事をしていた。そんな悪戦苦闘をしている間に暑い夏が来た。寒さの中で働くのも大変だが、この暑さとの戦いは想像以上のものだった。当時、コストの関係もあり、深夜は集中冷房装置を稼働させていなかった。あれだけの規模の設備で冷房を稼働させることは相当のエネルギーを使うことになる。会社はオープンのために多額の借金を抱えていたのだからやむを得ないことと分かってはいるが、ナイトキャストにとっては非常につらいことだった。

夏休み期間中、クローズ時間は22時。その時点で冷房の稼働は停止する。ナイトカストーディアルの始業は深夜0時なのだが、キッチンはまだ調理機器の余熱が残っており、その蒸し暑さといったら言葉にならないほどだった。

ディズニーランドにはディズニールックといって、厳しい身だしなみの基準が定められていた。ゲストの前に立って仕事をしていなくても、そう、たとえ、深夜であっても、その基準は職種に関係なく守らなければならないものだった。コスチューム（制服）はすべてのキャストが身に着けるもので、ナイトカストーディアルも例外ではない。しかも着用にもそれなりの基準があり、ボタンをしっかり留めなければならない。暑いからと言って首元をゆるめたり、胸をはだけさせたりするような着用は認められないのだ。夜にもセキュリティキャストと呼ばれる巡回係がパーク内を回っており、彼らは身だしなみのチェックも行う。暑さに耐えかね、たまらずボタンを外し胸をはだけさせて清掃をしていると、それを見つけたセキュリティキャストに声を掛けられ、汗でびっしょり濡れたコスチュームを着直すことになる。ナイトカストーディアルキャストといえども、ディズニールック違反は許されない。ひどく酷な労働環境だと思う人もいるかもしれない。けれど、そこにはナイトカストーディアルキャストという仕事への誇りがあるのだ。

感謝の気持ちを持つことが自分のやる気を高める

ナイトカストーディアルの私たちを常に見てくれていたのは、アメリカからカストーディアルのカウンターパートとして来ていたチャックさんだった。彼は、私たちナイトカストーディアルの仕事の成果を見るために、毎朝6時頃に出社してくれた。雨の日も風が強い日も、チャックさんはいつも変わることなく来てくれた。そのことは私たちナイトカストーディアルにとって救いだった。

ナイトカストーディアルは業務中にゲストと触れ合わないし、勤務中に横で仕事ぶりを見てくれる上司もいない、そんな状況で仕事をしている。業務に集中できるのはよいのだけれど、人は、自分が周りから関心を持たれていないと感じるのは、とてもダメージが大きいものだ。だからこそ、チャックさんが毎日、私たちの仕事の成果を見てくれることは単純に嬉しかったたし、とてもありがたいことだった。

自分を気にかけてくれる人に対して感謝の気持ちを持つことで、不思議と自分の心も満たされ、ポジティブに仕事に向き合える。

彼とともにパーク内を巡回するのは、最初こそ緊張したが、適切なアドバイスを受けるにつれてナイトキャストへの想いや情愛が伝わってきて、「また明日も頑張ろう」と、素直に思えたのだった。

現場は常に試行錯誤
仕事の仕方を変えることに柔軟に

パークのオープン前、清掃のマニュアルについてはアメリカのものを参考にしながら、手探りで作成した。しかし、これは実際に施設ができた後、稼働訓練しながら手直しを繰り返すこととなった。実際に業務をしてみると、どれだけの時間がかかるのか、どれだけのマンパワーが必要なのかが分かってきて、具体的な問題や課題が見つかるのだ。これはカストーディアル以外のどの部署も同じ状況だったと思う。

オープンまでの間に問題点を明らかにして、一つずつ解決していったつもりだったが、実際にオープンしたら、さらに手直しが必要となった。パークでは季節の変動やゲストの動向によって、清掃する環境は大いに変わる。そのときどきの状況で最善かつ万全の体制を作らなくてはならず、清掃の仕方を変更したり、バリエーションを持たせたりすることが必要だったのだ。皆で必死に覚えた最初のマニュアルも、後から見れば穴だらけで、試行錯誤しながら組み立ててきたことが、少し先には無駄になってしまうということも少なくはなかった。

過去に一生懸命覚えたマニュアルや仕事の仕方を捨て、新しいやり方を受け入れていくということには、どうしても戸惑いがあるものだ。覚えるときに苦労したり、覚えてからさほど時間が経っていなかったりするとためらいがあるし、逆に、同じ方法で長い期間上手くやってきていれば「ずっとこの方法でやってきたのに」という気持ちも出てくるだろう。けれど、私たちの仕事の目的はゲストに美しいパークを提供することであって、清掃方法はそのための手段に過ぎない。一度組み立てたものを柔軟に変えて対応していくディズニーの姿勢に、仕事の目的を見失わずにいる大切さを、私は学んだのだ。

大切なのは、
その仕事を通して何をやり遂げるかということで、
仕事のやり方そのものではない。

今、自分ができることは、すぐに自分でやる

カストーディアルのカウンターパートとして来日していたチャックさんは、毎朝6時頃に出社し、開園前に各テーマランドのスーパーバイザー（リーダー）と一緒にパークウォークスルー（巡回点検）を行う。

チャックさんの厳しくも優しい物言いとユーモアで、パークウォークスルーは楽しいものでもあった。チャックさんは毎日同じコースで巡回した。覆面調査のような、出し抜けの検査などしなかった。ファンタジーランドからウエスタンランド、そしてアドベンチャーランドへ、さらにワールドバザールはより念入りに、最後はトゥモローランドを経てカストーディアルオフィスに戻る。

多くの場合、私たちの仕事の成果を褒めてくれることの方が多かったように思う。日頃から、チャックさんは日本人の仕事ぶりに感心していた。素直で生真面目で細かいところまで気が付く、この日本人の性格が彼にはとても好感が持てるものだったよ

うだ。おそらくチャックさんの誠実な性格に合っていたのだ。

ある日、いつもと同じように巡回をしていたのだが、ワールドバザールのショップの床の修復清掃に関することでの打ち合わせなどがあり、普段よりは時間がかかっていた。開園時間が迫っていたこともあり、私たちはいつもより少し足早にトゥモローランドのウォークスルーをしながら、オフィスの方に向かって行った。オープンまであと10分ぐらいという頃だった。急ぎ足で歩いていたのだが、急にチャックさんの足が止まった。

「鎌田さん、ここに土が落ちているんだけど……。」

見ると、小指ほどの小さな土の塊だった。植栽のキャストが落としたのかもしれない。

「あ、分かりました。ナイトキャストが既にパークからバックステージに引き上げたので、この件に関してはデイカストーディアルに申し送りします。」

そう答えながら私は、こんな小さな土の塊ならゲストが踏みつければ何事もなく消えてしまうだろう、と思っていた。こんなことは大きな問題にはならないと思ったのだ。私がそう言うと、チャックさんは笑みを浮かべて私の顔をじっと見ている。私の嘘を見破ったのだと思った。

「あ、すみません。」

私は慌ててバックステージに行き、カストーディアルの資材置き場からクロスタオルを持ち出した。水を含ませ、固くギュッと絞り、急いで土のある場所まで戻って拭き取った。自分の不誠実な対応を恥ずかしく思った。あんな広いトゥモローランド（もちろん当時は今のように施設がたくさんあったわけではないが）の一角に落ちた小指ほどの小さな土の塊の所在を、デイカストーディアルに正確に申し送りすることは不可能な話だ。ノートに書いても、口頭で説明しようとも、それは難しい。それにオープンまでの時間が限られている。申し送りをしている間にゲストが来てしまう。

案の定、オフィスに戻ると、私はチャックさんに呼ばれてこう言われたのだ。

「ゲストは待ってくれない。もしも君ができることなら君が処置をすべきだね。誰の担当とか責任とか関係ない。自分ができることはすぐやりなさい」

当たり前のように聞こえるかもしれないが、自分の仕事や役割に集中してしまうと、たまに何が一番大事なことなのかを見失ってしまうこともあったりする。

大切なのは仕事の最終目的。
分担や役割に固執し過ぎて、目的を見失わないこと。

アメリカのディズニーランドでのウォルトのこんなエピソードがある。アドベンチャーランドにあるステージでショーが行われるが、このステージの座席の後方を植木が囲っていて、席に座れなかった子どもはどうしてもステージが見えにくくなってしまう。そのため、親が肩車をして見せてあげるというケースが多く見られたのだが、それは多くのゲストが集まってくる場面としては危険で放っておくことができない。そこで、ウォルトは「この木が邪魔で子どもたちが見られないというのなら、今夜切っておくように」と言って、一晩で植木をなくしてしまったというのだ。ゲストのためになることであれば、スピード感を持って対応しなくては、というウォルトの顧客満足へのこだわりが感じられる話だ。

自分の業務にとって、最も大事なことを見失わない

これはデイカストーディアルのスタッフから聞いた話だ。

チャックさんはパークが開園してから、一人で黙々とトラッシュカン（ごみ箱）の位置を移動させていたという。どうやらそれはゲストの目線で、ごみを捨てるのに一番いい位置を探していたらしい。

一見、小さいことのように思えるが、ごみを捨てようと思ったときにすぐ近くにごみ箱を見つけられればゲストは助かる。そして、実はカストーディアルも助かる。エリアにごみが放置されることがなくなるのだから、パーク内は綺麗に保たれる。チャックさんはレストラン、特に紙のトレイに食べものを載せて外で食べることが多いファストフード店からのゲストの流れを注意深く観察していたそうだ。

チャックさんは、パークを常に綺麗にする、という目の前の重要な業務の手前にある「ゲストの気持ち」という最も大切なことをいつも考えていたのだ。目の前の仕事

に追われると、ついつい見失いがちになってしまうことなのだが、何十年もこの仕事をしてきた彼がその視点を忘れていないことに、私は感動を覚えたのだった。

自分の仕事じゃなくても、できるだけ人を助ける気持ちと余裕を持つ

チャックさんに「できるだけ、人を助けなさい」と教えてもらったことがある。これは、とても意義深いものだった。言葉だけ聞くと、当然のことのように思えるかもしれない。けれど、自分の仕事と向き合っていると、ときとして他の仕事をしている人と対立してしまうことがある。それぞれの立場や役割があるのだからしょうがないのだけれど、自分のすべきことに没頭すると、なかなか相手を許容する余裕がなくなってくるのだ。

カストーディアルは基本的にすべての施設の清掃に責任を持っていたが、各部署が自らの責任において清掃する箇所もあった。既にその範囲と責任の所在は、何度も話し合いをして、確定していた。

開園してゲストがたくさん来園するようになると、各部署は自分の本来の業務に忙殺され、割り当てられた清掃を後回しにする傾向が強くなってきた。キッチンの排水溝は、食堂の責任において清掃することになっていたが、徐々に手が回らなくなってきていた。小さなことではあるが、こうした些細なことが面倒になる。すると、現場でその施設のスタッフがカストーディアルのキャストに「少しだけ手伝って」とお願いするのだ。最初のうちは、一時的なものだからと請け負っていたのだが、やがて、それが当たり前のようになってきてしまった。

カストーディアルは清掃の専門部署であって、決して彼らの下働きではない、というプライドがある。だからこそ余計にそうしたことには敏感に反応する。実は私もその一人だったし、スーパーバイザーによっては、カストーディアルキャストの仕事を増やしたくないということで断る者もいた。それでも、こうした各部署からの清掃依頼がナイト、デイにかかわらず現場で頻繁に発生していた。それに耐えかねたリード（キャストを束ねるリーダー）を中心に、私のところに徐々に苦情が寄せられるようになった。

私は、このような部署間の問題に関しては、アメリカから来ているカウンターパート同士の話し合いが一番だろうと考えた。この他部署から起こるカストーディアル業務への圧迫をどうしたものかと、カストーディアルのカウンターパートであったチャックさんに相談したのだ。しばらく考えた後、チャックさんはこう言った。

「う〜ん、確かに業務が増えるのは大変だね。でも、もしも可能な範囲であるならばできるだけ手助けしてあげた方がいいと思う。いつか我々が困ったときにきっと彼らが助けてくれるときがあるはずだ。」

え？　内心、肩透かしを食った感じでチャックさんの微笑むようなやさしい顔を見ていた。個人主義が蔓延るアメリカ社会では、絶対に自分たちの権利を守り通そうとするのが当たり前なのではないか。日本の大企業においても、セクショナリズムというて我が部署の保身を考える傾向が強い。でも、このチャックさんのおおらかな気持ち！　チャックさんは、依頼する方にもそれなりの理由があるはずなのだから、取り決めだからと言って無下に断るのではなく、こちらにできる余裕があるのならやってあげなさいというのだ。

チャックさんは他部門と喧嘩することなど一切なかったと記憶している。それでも、カストーディアルの業務そのものには誇りを持っていた。一度、彼にカストーディアルの仕事をどう思っているか尋ねたことがある。

「我々の仕事はパークを浄化するだけではない。人の心をも浄化するのだ。」

この気高い教えは忘れることができない。ゲストの心はもちろん、一緒に働く仲間の心も浄化させるのかもしれない。

いつも人を頼らずに自分で考えるようになる

チャックさんや彼の仲間は、私たちの掃除に関する疑問に快く答えてくれた。基本的にアメリカのアトラクションをそのまま持ってきているので、掃除の方法は彼らの指導を仰いだ方がいいのだ。ただ、床に塗るワックス類は日本の気候に合うようなものでないとメンテナンスが困難になるということで、アメリカの清掃資材メーカーの日本工場にオリジナルのワックスをオーダーしていた。このこだわりがさすがディズニーだ。コストよりも品質を優先したとも思われるが、よくよく考えてみれば、品質がよければメンテナンスが楽になり、結局はコストも下がるという論理だ。

ある日、現場の方から質問があがった。ジャングルクルーズのボートの清掃に関するものだった。ボートの清掃は毎日、一槽ごとに行われる。バキュームでごみを取ったり、椅子は拭き掃除をしたりと、およそ誰でもできることで、さほど難しいものではない。ただ、屋根の掃除に関してはどのようにすればいいのか教えてもらっていなかった。当時は今のジャングルクルーズのボートとは違って、屋根はビニール製のものだった。雨や埃で結構汚れが目立つのだ。私は分からないことはなんでもチャックさんに質問していたので、このときもいつも通り気楽に尋ねた。

「チャックさん、ジャングルクルーズのボートの屋根の清掃ですが、どうすればいいでしょう。」

「うん、それはね。……あ、いや、たまには自分たちで考えてごらん。いつまでも僕は君たちの側にはいられないのだし。」

そう言われた私は、いつもと違うやり取りに一瞬困惑してしまった。しかし、チャックさんは、いつまでも誰かを頼るのではなく自分で考えることも大切だ、ということを私たちに教えたかったのだと理解した。私たちが、チャックさんから自立することこそがチャックさんの希望だったのだ。

その後、私たちはジャングルクルーズのボートの屋根の清掃方法について、試行錯誤の上、効率と安全をともなった自分たちの清掃方法を作り出した。チャックさんの判断を仰いだところ、返ってきた答えは、

「Great! Good job!」

また、雪が降ったとき、積もったときの対応は、日本の我々が考えなければいけないことだった。現にオープンの年には雪こそ降らなかったのだが、ホージングの後の凍結には苦労した。ホージングとは、ホースで水を撒いて地面を洗い流す清掃で、パーク閉園後に行われるのだが、冬はこの水が凍結してしまうのだ。東京ディズニーランドがある舞浜は、当時は今よりとても寒くて、ホージングの後は決まって氷が張る。もちろん雪が降ったりもする。案の定、オープンした年の冬は氷も張り、雪も降った。ところがアメリカのディズニーリゾートがあるフロリダとカリフォルニアは温暖で氷が張ることがなければ雪も降らない。だから、彼らには対応の仕方が分からない。当然ながら自分たちで考えなくてはならないのだ。

氷の除去には苦労した。お湯を撒いたり、熱いタオルを敷いて解かしたりと試行錯誤の連続だった。ある日、東北生まれの一人のキャストから「風が吹くと氷がなくな

るんです」という話を聞いた。「氷（個体）」は熱で解けて「水（液体）」になってそれが蒸発してなくなるとばかり思っていた。冷たい風が当たって「氷」がいきなりなくなるなんて、そんなことはないだろうと思いつつも、何とか氷を除去する効率のいい方法を試行錯誤していたときだったので、とりあえず実験してみることにした。洗浄したカーペットを乾かすための業務用の大型の扇風機を氷の張る場所に設置したら、なんと見事に朝方までに氷はなくなっていた。後から思い出したのだが、固体が液体になることなしに、直接気体になることを「昇華」という。そういえば学校の授業で習ったことだ。

私たちはその後、数十台の大型扇風機を購入してもらい、会社は多額の残業代から、ナイトカストーディアルキャストは過重労働から解放されたのだった。

仕事に真摯に取り組めば取り組むほど、想定外のさまざまなことが起こるだろう。大事なのは考える習慣を身につけること。

情熱と向上心、そして、ユーモア精神を持つ

ウォルト・ディズニーが語った理想のキャストについて話そう。

「私がキャストに望むとするならば、熱き情熱、向上心、そしてユーモアを理解できること」

このユーモアというのは駄洒落を指すわけではない。意外にもある程度教養がないと発揮できないものでもある。例えば、落ちているごみを箒で片付けていて、ゲストから「何をしているの？」と聞かれたら、「はい、夢のかけらを集めています」などと、その場の雰囲気に合ったアドリブで答えられるようなキャストであってほしいということだ。

ゲストに対して、あるいは仲間同士のコミュニケーションにおいて、内容を直接的に伝えるのではなく、楽しい会話に変えて伝える能力、これがウォルトの言うユーモアなのだ。これは、ビジネスにおける人付き合いでもとても大切な要素だ。

情熱は簡単なようだけど結構難しい。時と場合によっては、一人だけ浮く可能性もある。よくあることだ。これは信念に関係するかもしれない。信念を持つにはそれなりに裏づけとなる知識が必要になるのだ。

向上心は実は好奇心と関係する。人は未知なるものに憧れを持つ、それはものでも芸術でも自然でも同じことなのだ。その憧れが好奇心のもとになり、より詳しく知りたいという向上心につながるのだと思う。向上心は達成感の獲得にも有効だ。達成感が持てればそれは自己肯定感にもつながるのだ。

飾らない自分を見せられる信頼できる人を見つける

ディズニーリゾートに行ったことのある人は思い出してみてほしい。あの世界、少し不思議な世界だとは思わないだろうか。知らない人同士が手を振り合ったり、お互いに笑顔で写真を撮り合ったりしている。あの瞬間、ディズニーの世界にお互いに共感し合っているのだ。そんなときは不思議と人に優しくなれる。ディズニーの世界がこれほどまでに人々の心を摑まえて離さないのは、このあたりにあるのかもしれない。単にアトラクションやショーがよいだけではないのだと思う。

現実世界では意味のない競争が繰り広げられ、悲惨な事件が毎日のようにメディアで報道され、会社や学校では、いつも人と比べられている。そんな環境の中にいると、人の裏側を読んでばかりいるようになってしまう。まともなコミュニケーションを取りづらくなり、表面的な、さしさわりのない内容の会話になるのだ。もちろん、それもときには必要だとは思うのだが、それだけでは寂しい気もする。

ウォルト・ディズニーがディズニーランド開園にあたって自分の知り合いを何人か招待した際、一通り見て回ったある人がウォルトにこう言ったそうだ。

「ウォルト、素晴らしいものを作ってくれたね。まるでここはユートピアじゃないか。」

それに対してウォルトはこう答えたという。

「そうじゃないんだよ。ここディズニーランドの世界が本来の人間の姿なんだよ。外の世界が異常なんだ。」

確かに、私はディズニーの世界で働くようになってから、人間という動物をより信頼するようになった気がする。そうすると、なぜか自分自身をも信じられるようになるのだ。人間って素晴らしい、なんと人は優しいのだろうかと思い、そう思っている自分も好きになれる。また、ウォルトは次のようにも言った。

「私は子どものために映画を作ったのではない。誰の心にもある子どもの心のために作ったのだ。」

この言葉の意味するところは、年齢に関係なく誰でも（たとえどんな悪人でも）子どものような純粋な気持ちを持っている、ということだ。彼はこれをINNOCENCEという言葉ではっきりと表現している。

これらのエピソードから分かるように、ウォルトは人間そのものを信頼していた。ウォルトのように「人間を信頼する」なんて言ってしまうと、すごく大きなことでどうしたらいいのか分からなくなってしまうが、私たちはまず身近に「信頼できる人」を見つけることから始めればいいと思う。

人は生きていれば必ず弱い自分と向き合うことがある。そんなときに救ってくれるのが「信頼できる人」だ。あなたの心の友、親友かもしれない。もしかしたら、家族かもしれない。同じ仕事をする同僚や先輩、上司かもしれない。心から信頼している人間の前で、飾らない自分を出し、自分の思いを吐露することができるかどうか、究極の状態になったとき、人はそこで支えられることも多い。私が4回目のディズニー採用試験に落ちたときも、そのとき勤めていた会社の同僚（もちろん信頼できる相手だ）や父に話を聞いてもらった。それだけで救われることもあったりするのだ。

とはいえ、心から信頼できる親友ができるかどうか悩んでいる人も多いと思う。最近は本当に心を打ち明け合える関係を作る機会が失われているようにさえ思われるし、大人になってからそうした関係を築くのはもう無理だと多くの人は思っているのかもしれない。そんなときは、まず、自分ができることに向き合ってみよう。人は、自分に自信がないと他人も信頼できなくなってしまう。自分自身を肯定できる人は、きっと信頼できる人を得ることができるのだろうと思う。

向上心と人を尊敬する気持ちがあれば
さまざまな「出会い」が有意義なものとなる

私の人生において、信頼できる大切な人との出会いと言えば、その一つは間違いなく掃除の神様との出会いだ。けれど、初めて会ったとき、彼との出会いが私の掃除の概念を変え、その後の私の人生に大きな影響を与えることになろうとは、そのときはまだ思いもしなかった。ただ、彼から教わった目の前の掃除という仕事に自分なりに真摯に向き合おうとしていた。そうして掃除を通して濃い時間を一緒に過ごしたからこそ、彼との出会いが結果的に「運命の出会い」になったのではないかと思う。

人生には運命的な出会いが必ずある。
それを単なる普通の出会いにするのか、
それとも自分の人生にとても有意義な出会いにするのかは、
普段からの向上の精神が必要とされる。

仕事をしていると、お客さまをはじめ、仲間や先輩、上司などたくさんの人と出会う。人との出会いは、自分に刺激を与えてくれる。中でも、尊敬できる人との出会いは自分を大きく成長させてくれ、仕事の面だけでなく、人生の大きな財産になる。私の場合はチャック・ボヤージンとの出会いがそうだった。

仕事で夢を叶えるには
大きな理想を持つこと

最後に、私たちに掃除を教えてくれた、掃除の神様チャック・ボヤージンとウォルト・ディズニーとの出会いの話をしよう。

ウォルト・ディズニーがディズニーランド構想を思い立ったのは、完成の十五年前にさかのぼる。彼は娘を連れて遊園地によく行っていた。楽しそうに遊ぶ娘を見ながら彼自身はベンチに座ってただそれを眺めていた。もっと大人も子どもも共に楽しめるアミューズメントパークはないものかといつも考えていたのだ。

そんな折、デンマークのチボリ公園を訪れる機会があった。上質な料理と音楽、清潔で掃除がゆきとどいた美しい公園はアメリカの都会にあるような遊園地とは全く違っていた。そこで彼はひらめいた。このようなクオリティの高いパークを作ってみたいと。この構想を妻に話したところ「汚い遊園地なんて作らないでよ！」と言われたこともあり、美しく清潔で汚れのないパークへの想いが強くなったのだった。ディズニーランドの構想にあたって、「清潔で美しい」ということは、ウォルトにとって、とても大切な条件であったのだ。

映画の世界しか知らないウォルトは、ディズニーランドの清掃を外部の清掃会社に依頼した。しかし、彼が要求する清掃のレベルは一般的なものをはるかに超えていた。常に綺麗で清潔でなければならないのだ。一時的に清潔であるだけでなく、常にその清潔さを維持することを理想としていた。だから昼間のカストーディアルキャストは箒と塵取りで15分に1回は担当エリアを巡回しなければならなかった。

ちなみに、現在ではおそらくそれよりも短い時間で綺麗になっているはずだ。通常トイレは45分に1回は巡回清掃を行うよう定められていた。とても高い理想のように思えるが、これは極めて自然な考えのような気もするのだ。パーク内は常に最高の状態であることが望ましいし、そうあるべきだ。環境だって商品の一部なのだから。

ウォルト・ディズニーの理想は、絵に描いた餅みたいなものだった。例えば、窓ガラスを昨日磨いたばかりだったとしても、もし人が触れたのなら、今日も拭いて綺麗にしなければならない、ということだ。普通、清掃の価格を決めるのは、内容はもちろんだが回数だ。年に何回ガラスを磨くか、年に何回カーペットを洗うか、といったように。だから、汚れの状況に応じてその都度、清掃内容を臨機応変に変更することは、人の管理や経営の観点からもとても難しい。清掃を委託された会社の幹部たちは、ウォルトの理想は常識を超えたものだと思っただろうし、実現することは困難だと考えたに違いない。しかし、ウォルトは妥協をすることをとても嫌っていた。清掃会社の態度に業を煮やした彼は清掃を自社業務に切り替えた。決断後、すぐに行動に出るのはオーナー経営者の特徴ではあるが、ウォルトはより一層その傾向が強かった。啖呵を切ったウォルトではあったが、やはり清掃のプロは必要だった。プロ中のプロ、そして彼の理想を理解できる人材が。そこでかねてから仕事ぶりに感心をしていた意中の人物に白羽の矢を立てた。

その人が、そう、チャック・ボヤージンだったのだ。彼はウォルトからディズニーランドの清掃を依頼される。尊敬してやまないボスであるウォルトの申し出を断る理由はなかった。

「子どもがポップコーンを落としても拾って食べられるぐらいに綺麗にしてほしい。」

このウォルトのビジョンを実現すべく、チャックさんは試行錯誤を重ねて、ウォルトの理想を具現化していった。彼の貢献は徹底した清潔さを実現すべく、「水で地面を掃く」という画期的で効率的な清掃システムを確立したことにある。人件費や道具などに単にお金をかければいいというわけではないのだ。ウォルトはチャックさんにこう語ったという。

「人は綺麗にすればするほど、汚さなくなる。」

気持ちを鼓舞させるためにはいろいろな方法があるが、一番の特効薬は気高き理想を持つこと。臆面もなく真面目に情熱を持って。人は普通のことでは燃えない。まだ見たことのない目標を持つことで、それを目指して頑張れるのだ。

こだわりの精神の持ち主であるこの二人の大きな理想が、類いまれなるパークを現実のものとしたのだ。

夢を叶えるためには
具体的な目標を持つこと

ウォルトとチャックさんの理想は、周りから見たら、非現実的なとんでもないものだったに違いない。しかし、それが非現実的でぼんやりした理想なのではなく、具体的なものだったという点が、夢を叶える上で重要なのではないだろうか。

大きな夢を実現させるために、具体的な目標を掲げられるかどうか。そのためには、自分の「人生」と「仕事」の今とこれからを見つめることだ。周りを見て「あんな風になりたい」「こういう風に生きていきたい」と思ったり憧れたりすることも、人生を変えるきっかけとしては悪くない。しかし、そのままずっと周りの誰かと比べたり追いつこうとしたりするだけでは、主体性がなくなってしまう。自分の人生なのだから、自分と向き合うことが必要なのだ。自分はどういう人生を生きたいのか、そのために「働く」ということとどうやって付き合っていくのか。叶えたいことはどんなことで、譲れないことは何なのか。目の前の仕事に懸命に取り組みながらも、そんなことを考え始めてみてはどうだろうか。

2

今いる場所で
ステップアップ
するとき

人生には自分の意志に反して、さまざまな変化が起きる。

自分が今立っている場所でしっかりと仕事に向き合っていると、自分自身も仕事が楽しくなってくるだろう。それと同時に、新しい役割を課されることも出てくる。チームのリーダーになったり、後輩を指導したり……あるいは、部署異動という可能性もある。

こうした変化に直面したとき、自分が大事にしてきた目の前の業務を第一に考えるあまり、その「変化」を望まないという人もいるかもしれない。肯定的に捉えられない理由は人それぞれあるだろう。やりがいを感じ始めた今の業務に専念したいとか、単純に業務量が増えて大変なのではと不安があったりとか、とにかく面倒そうだとか。

しかし、いずれも想像の域での心配でしかないのだ。これまでの自分の経験（例えば学級委員長やバイトリーダーなど）や自分の周りの人の様子から推察して、何となく嫌だな、遠慮したいなと思っているだけなのではないだろうか。またあるいは、どうして自分なのか、適任は他にいるのでは？　と疑念を抱く人もいるかもしれない。いずれにしても、そんなときは、まずはしっかりと相手の話を聞いてみてほしい。これまでと業務内容がどう変わるのか、どんな内容の仕事がどのくらい増えるのか、会社や上司は自分に何を期待しているのか。その上で、自分の信念を曲げずにできることであれば、ぜひその「変化」を受け入れてみてほしい。やってみないことには、何も始まらない。もし万が一、新しい役割や場所で上手くいかなかったとしても、それはそれで一つの気付きとなる。これからの自分の仕事人生を考えるためのピースが一つ増えるのだ。

ここでは、カストーディアルに配属されてどうにかこうにか掃除を覚え始めた私が、カストーディアル部門のリーダーとなり、最終的には全キャストを教育するディズニー・ユニバーシティで働いた経験について話そうと思う。

自分に訪れる小さな変化を冷静に真摯に受け入れる

カストーディアル部門に配属されて数ヶ月のうちは、まだ施設がすべて完成していないこともあり、施設図面を確認しながらパーク内の施設を把握する作業に明け暮れていた。いよいよ具体的に掃除の業務にあたろうかという時期になって、それまで不在にしていたカストーディアルマネージャーが日本に帰ってくることになった。マネージャーとはカストーディアル部門を束ねる立場だ。彼は元々通訳者として東京ディズニーランドオープンのプロジェクトに携わっていたという。このプロジェクトを進めるにあたって大勢の通訳者が必要とされ、ピーク時には各セクションに1名の通訳が配置されたのだ。そんな彼は、実はディズニーに思い入れがあったのだと言う。プロジェクトが進むにつれて、外部通訳の一人としてではなく一社員として何とか加わりたいと思い、自ら進んでカストーディアルマネージャーに応募したということだった。とても情熱的な人だった。熱い語り口と大きな目には独特の雰囲気を感じたものだ。

彼が戻ってきたと同時に、私たちカストーディアルキャストの各個人の職位が決定された。私の役割は「スーパーバイザー」というものだった。一般企業でいうところの現場監督者（主任のようなもの）だ。スーパーバイザーと言っても、自らの掃除の技術を磨き、パーク内を綺麗にするという現場での役割は変わらない。これまで通り真摯に取り組んだ。

大切にすべきは
仲間とのコミュニケーション

ディズニーランドオープンに向け、実務にあたりながら掃除の腕を磨く日々。そんな中、私はナイトカストーディアルへの配属が決まったと同時に、スーパーバイザーからその上位職にあたるエリアスーパーバイザー（一般企業なら課長代理）となった。ナイトカストーディアルの実務的な部分での責任者だ。カストーディアルとしてゲストのために仕事をするのはもちろんのこと、加えてこれからはキャストのことも考えて仕事をすることになる。ナイトカストーディアルの仲間たちがしっかり仕事に打ち込めて、存分に力を出すことができるように、現場の状況や環境をも見ていかなくてはならないのだ。季節ごとの変化、混雑の後、悪天候下など、日常の中で変化するパークの状況にあわせて、仲間たちが最大限のパフォーマンスを発揮できるように、目と心を配り、頭を働かせることが大切になる。こうして日々パークの美しさを維持しながらも、突発的に起きる問題や課題にも対処していく。何かが起きたときには、自分の責任において判断しなければならない。それはすなわち普段からの仲間との信頼関係がとても重要になってくることを示していた。

やりがいを感じると同時に、一つの悩みが浮かんだ。それは32歳という自分の年齢だ。ナイトカストーディアルのキャストは年齢層が高い。デイカストーディアルはゲストとの触れ合いもあり、どちらかというと若いキャストが多く、女性キャストもたくさん在籍していた。ところがナイトは完全に男世界で、しかもほとんどが私より年齢が上のキャストだったのだ。

エリアスーパーバイザーとなれば、キャストの皆に守ってもらわなければいけないことを説明する機会がしばしばある。そうしたとき、年上のキャストに話すのは、なかなか大変だ。こういった役職と年齢の逆転現象は社会に出ると起こり得る状況（特に最近では当たり前にあること）なのだけれど。

彼らと上手くやっていくにはどうしたものかと思案した。しかし、特別な方法があるわけではない。やはりコミュニケーションだ、と思い至った。できるだけ彼らと話すことが大事だと思った。もちろん作業中にたくさん話しかけては邪魔になるので、簡単な挨拶をしたり、現場での問題点を聞き出したりした。じっくりと彼らと話す機会は唯一、食事のとき（食事といっても、深夜3時）だ。彼らの多くは社員食堂が稼働し始めても、弁当を持参してきていた。そこで私は午前3時前に自分の食事を済ませて、順番を決めて彼らが食事している休憩場所（ブレイクエリアという）に出向いていった。

最初は、自分よりも若い私に話しかけられても困るのか、なかなか会話が続かなかった。だから仕事の具合を話題の取っ掛かりにしながらも、巷で起こっている話題やニュースなどをネタに話をしていった。自分の家族の話をしたりもした。食事中というう少しリラックスした雰囲気の中で、業務以外のことを話すことで、だんだんとスムーズに会話ができるようになっていった。人間というのは不思議なもので、最初はぎこちなくても、何度も顔を合わせて話をするようになると、気が許せるようになる。こちらが根気強く話しかけているうちに、徐々に彼らは私に親愛の情を示してくれるようになったのだ。「母ちゃんが作ってくれた卵焼きだけど、食べるかい？」と弁当からいろいろとおすそ分けをしてもらえるようにまでなった。何か所か回っている間に、私の胃の中はさまざまなおかずで満たされた。もちろん、胃だけでなく心も温かい気持ちで満たされたのだった。

いい人間関係を築きたいと思うならば、怖がらずに勇気を持ってその人の懐に飛び込むことだ。最初は駄目でも、繰り返すことで相手が変わってくれることもある。

リーダーになると、おのずと同じ仕事をする仲間と積極的にコミュニケーションをとることになる。私も最初はそのことに戸惑いがあったが、互いに話をしやすい雰囲気を作りたいという一心でとにかく話しかけ、また、話を聞くようにした。

それが、結果的にチームの成長にも自分の成長にもつながったのではないかと思う。

互いに話をしやすい雰囲気があれば、ちょっと気になることが現場であったときにも声を上げやすく、問題や課題が解決しやすくなるし、イレギュラーなことが起こったときにも上手く連携が取れるようになる。

それまで、黙々と掃除の技術を磨き、パークを綺麗にすることに専念していたが、エリアスーパーバイザーになったことで、私たちナイトカストーディアルは同じ目標を持つ一つのチームなのだと思うようになった。少し俯瞰的に自分たちの仕事を見られるようになったのは、一つの収穫だったと思う。

難題解決には有言実行で自分を鼓舞する

パークのオープン後、慌ただしく過ごしている間に夏を迎えた。太陽が照る中で働くデイカストーディアルも大変だが、ナイトカストーディアルにも夏は厳しくつらいものだった。日が落ちているとはいえ暑いことに変わりはないのに、夜間は施設内のエアコンはすべて止められているのだ。そんな中、暑さに負けず働いた後、ようやく休み時間となり休憩室に行くが、当時そこにはなんと冷房がなかった。扇風機を勢いよく回すが、ただ生暖かい風が動いているだけ。せめて休憩のときぐらいはこの暑さから解放させてあげたいと思った。作業から一旦解放されてホッとくつろげる時間がないというのは、本当につらい。

そこで上司に話してみることにした。休憩室だけ個別のエアコンの設置ができないか相談しに行ったのだ。カストーディアルが所属する部には他に「セキュリティ」「ファイアー」という、いわばどちらかというと裏方的なセクションがあった。それらを束ねている事務方のセクションがあって、部としての方針や予算などをまとめていた。当然、そうしたお金にかかわる問題は部を通してしかるべき部署に依頼することになる。しかし、簡単には越えることができない課題が山積みだった。どうしても、当時はコストが優先されたのだ。今となれば、オープンしたてで無駄な経費を積み重ねたくないその状況は理解できるのだが、当時はただひたすら、こちらの要求を伝えるだけだった。何としても、この劣悪な環境を改善したかったのだ。

事務方から芳しくない返事があっても、こちらも一度であきらめるわけにはいかない。何度も足を運んだ。ちなみに私の勤務は朝の9時までだが、事務方は朝の9時が始業なので、この交渉はいつでも勤務時間外。加えて、会社全体の予算を管理している財務部にも直談判した。こちらにも何度も足を運んで交渉し、とうとう向こうの根が尽きた。

しかし、一つの問題が解決してもまた次の問題が出てくる。しかも、それは、ディズニーのこだわりゆえの問題だった。

それぞれの休憩室に個別のエアコンを設置すること自体には許可が下りたのだが、その場合エアコンの室外機が必要になる。しかし、場所によってはゲストから見えてしまうので、そのまま室外機を設置するわけにはいかなかったのだ。

ディズニーランドでは、現実的なものをゲストに見せてはいけない。ウォルトはディズニーランドの世界は非日常の世界でなければならないと考えていた。そのために周辺のホテルなど外の世界が見えないようにバーム（土手）を盛り土で高くして木を植えているのは、多くの人が知っていることと思う。

もし室外機をゲストから見える場所に設置することになるなら、それを隠すためのプロップス（舞台の小道具のこと）を創作しなければならない。そう、ディズニーランドに行けば場合は創作なのだ。既製品そのままの設置は許されない。ディズニーランドに行けば分かると思うが、建物にはいろいろな飾り物や置物があると思う。あれらもすべてプロップスと考えていて、世界観を壊さないよう演出されている。つまり、休憩室のエアコンの室外機を隠すためだけに、何らかの置物を新しく作る必要がある、ということになるのだ。

したがって、エアコン設置にはそれなりの時間がかかることになってしまった。結果、三年ほどかかり、ようやく設置されたのだった（今はおそらく個々の休憩室のエアコンのお世話にならなくてもよい環境になっていると思う）。

相手を喜ばせたい想いが強くて、私はついつい勇み足をしてしまう悪い癖があり、このときも、ナイトキャストに「もうすぐエアコンが付くので、あと少し辛抱してください」というようなことを言いふらしていた。とはいえ、この「有言実行」が、交渉のモチベーションを高めてくれたという面も否めない。

意志の弱い人は、有言実行で自分を鼓舞するのもいいだろう。

相当の覚悟は必要だが、

それでもそのための努力をあなたがしていることを

仲間は見ていてくれるはずだ。

エアコン設置まで、三年という月日がかかってしまい、ナイトキャストには随分と迷惑をかけたのだが、最終的には何とか彼らとの約束を果たすことができてホッとした。上司や他部署に交渉していたときは、何が何でも仲間たちの職場環境をよくしたい、とそれだけを考えていたが、何としてでも相手との「約束を守る」という基本的だけれど、とても大切なことを学んだように思う。

相手が社内の人間でも取引先でも、約束を違えることがなければ、その関係は友好的に長く続くことになる。約束の中身は仕事内容や時と場合により、違うだろう。納期、内容、品質などが当初の打ち合わせ通りだったのかどうか、そのギャップが大きければ大きいほど取り返しのつかないことになるのは自明のことだ。

これは、仕事以外にも等しく言えるはずなのだが、なぜか人は仕事外となると、相手によって重要度を変えてしまう。家族との約束はいい加減になりやすい。同じように、気心の知れた相手、付き合いの長い恋人同士なども。お互いに甘えがあるのだ。甘えが許されるそんな関係性も良いけれど、約束を反故にしてばかりいると、本人は気が付かないうちに相手からの信頼は減っていくものだ。そして、知らないうちに、完全に信頼を失ってしまう。約束したのだから守られて当然、守られることを前提で相手は構えている。何の説明もないまま一方的に約束を破るなんてことは、仕事であれプライベートであれあってはならないのだ。たとえるならば銀行口座の自動引き落とし。気にかけていないと気付かないうちに残高不足に陥って、取引停止になってしまうことがある。自分が気付かない間に、信頼の自動引き落としを繰り返し、相手との人間関係が壊れてしまうことがないよう、相手との約束は守る、そんな基本的なことを大切にしてほしい。

「約束を守る」ということは、
相手からの信頼を醸成する秘訣といえる。

リーダーとしてのお手本、
チャック・ボヤージン

私のカストーディアルとしてのお手本であり、また彼こそが真のリーダーだと思っている人物がいる。掃除の神様・チャック・ボヤージン氏だ。

ゲストが幸せになるためにはどうしたらいいか、まずそれを第一に考える。そして、自らが率先して動く。どうしたらパークがより綺麗になるか、美しく保たれるかを追究し続け、さまざまな清掃方法やアイデアを具体化させていった。彼は、率先する姿と掃除の手本を私たちに見せ続けてくれた。その上で、いつも私たちの仕事を厳しく、温かく見守ってくれていた。そして妥協を許さなかったし、何より、カストーディアルという自分の仕事に誇りを持っていた。

リーダーは自ら模範を示すことで真のリーダーになる。

「信頼」――それが、リーダーが身につけなければならない必須の要件なのだ。

そして、真のリーダーは「思いやり」と「勇気」のバランスが取れている。

彼は、我々の尊敬すべきリーダーだった。チャックさんからの教えは、今でも私の心の中にある。彼の誠実な言動は、仕事と向き合う姿勢や、リーダーとして一番大切なことを教えてくれた。チャックさんはウォルト・ディズニーからの信頼も厚く、人格も素晴らしかった。さすがウォルト・ディズニーの人を見る目は確かなものだったと思う。

二年の日本滞在を終え、チャックさんがアメリカに帰るときには、多くのカストーディアルキャストが見送った。その後、新しいアトラクションがオープンする際には、私はその清掃方法を学びに出張し、アメリカで度々チャックさんと会うことがあった。彼は「私の息子よ、よく来てくれた」と言う。たった二年、日本で一緒に仕事をしただけの私たちのことを忘れずにいてくれ、そして温かく迎えてくれるのだ。

また、後に私がディズニーを去るとき、チャックさんからメッセージカードが送られてきた。私はそれを読みながら涙が流れて仕方がなかった。

「いつかまた君に会いたい。君を誇りに思うし、息子だと思っている。」

尊敬すべきチャックさんから、人生の転機にもらった温かい言葉。頑張ろうと素直に思えた。

2004年8月1日、彼は天国に逝った。享年86だった。

チャックさんのディズニーに対する貢献は後世のディズニーランダーズにも引き継

がれ語られている。2005年に彼の名は、カリフォルニア州アナハイムのディズニーランドのワールドバザールの窓に永遠に刻まれた。

「We keep your castle shining — CHUCK BOYAJIAN —PROP.」

——私はあなた方のお城を磨き続けるよ。

自分が何を求められているのか
それを理解して、応える

ナイトカストーディアルへの配属とともに、エリアスーパーバイザーになった私は、清掃業務そのものと、同じ仕事をする仲間たちの日々の業務環境やタスク管理に気を配り、ゲストのためにナイトカストーディアル全体として、よりよい仕事ができるようにと励んでいた。

しかし、ある日、これまでとはさらに違う「変化」に直面することになる。

翌年に開園を控えた9月頃から、ナイトカストーディアルに増員されたキャストの教育が始まったのに合わせ、私はナイトカストーディアルを教育する「トレーナー」

の兼務を任命されたのだ。

これぞ青天の霹靂だ。

教育と言っても、私には清掃についての専門的かつ技術的な知識や豊富な経験は全くない。もちろん、基本的な清掃の仕方については、カストーディアルに配属されてから学んではきているが、薬品などの最低限の知識を何とか頭に詰め込んだところで、実技はまだおぼつかない。そんな状態の自分が新しい人を教育するなんて、とんでもないことだと思った。

しかし、よくよく話を聞いてみたら、清掃の技術的な教育というよりは、ディズニーの哲学や掃除の意義などをしっかりと教えてほしいということだったのだ。

ここまでに話してきたように、掃除を仕事とすることに戸惑う人も多い（かつての私もその一人だったわけだ）。これからさらにキャストの数が増えるにつれ、ディズニーの精神やカストーディアルという仕事の意義、大切さなどが伝わりにくくなることもあるかもしれないと考えるのも不思議ではない。それらをしっかりと伝える役割を作ろうというのがこのトレーナーという制度であり、それを私に、という話だった。

なるほど、それならば、自分にもできるかもしれない。とんでもない！　とさえ思ったトレーナーという任務だったが、その役割の意味を理解し、納得した上で、自分で役立つならば、と引き受けることにした。

役割や肩書きに、無駄に臆することはない。
何を任され、求められているか、しっかりと聞いてみること。
納得できることであれば、チャレンジしてみよう。

「パークを綺麗にする」「ナイトカストーディアル部門を円滑に機能させる」というこれまでの仕事に、「掃除の意義やディズニー哲学をしっかりと伝え教育していく」という新しい仕事が加わることになった。

周りに「教える」ことで、自らも振り返る

トレーナーとして、教育の方法や教える内容について、アメリカのディズニーラン

ドからマニュアルが送られて来てはいたが、一通り目を通してみたところ、そのまま使える完璧なものとは言い難かった。これは、日本に合うように整えなければならないぞ、と考えた。私は自分が入社時に学んだディズニーの哲学を元に、それをカストーディアルの仕事と関連づけた内容にしていった。

私は、入社してすぐに、キャストには、職種に関係なく大切な使命があるということを教わった。それは「幸せへの道づくり」。パークを訪れるゲストが幸せになるために、私たちキャストは各々の仕事を全うする、という考え方だった。

そして、それを実現するために必要な具体的な行動規準を学んだ。それは「SCSE」と呼ばれる4つのキーワード。「Safety（安全）」「Courtesy（礼儀正しさ）」「Show（ショー）」「Efficiency（効率）」の4つだ（今は「I=Inclusion／多様性」も加わり5つのキーワードとなっている）。

言葉だけ聞くと、大切な理念なのだろうということは分かるものの、カストーディアルという立場に身を置くと、いまいち自分の仕事とはつながりが見えてこない。ただの理想論のようにも感じられ、少し自分たちからは遠くにあるもののように思えてしまうのだ。

私は自身がカストーディアル時代に現場で学んだこと感じたこと、チャックさんに教えてもらったことを交えて、これらのキーワードをカストーディアルの仕事としてイメージできるよう具体性を持って話すことにした。

「安全」は4つの中でも最優先事項だ。ゲストがくつろぎ、やすらぎを感じて存分に楽しめるパークにするためには、安全であることが何よりも重要となる。そのため、デイカストーディアルは清掃を行う際に、基本的に立ったまま作業を行う。例えば、地面にこぼれたジュースはできるだけ足を使ってペーパータオルで拭う。しゃがみ込んで拭いていたのでは、周りのゲストが気付かずにぶつかってしまうことも考えられるからだ。ナイトカストーディアルが存在するのもまたゲストの安全のため。日中、楽しく過ごしているゲストの横を大きく危険な清掃用具が通るわけにはいかない。そのため、ゲストがいない夜間に清掃をするナイトカストーディアルが重要な役割となるのだ。また、ゲストの安全と同様に自分たちキャストの安全も大切であることもしっかりと伝えた。ナイトカストーディアルは大きく重い専用の掃除道具を扱うことも多いので、そうした道具の扱いについてや、掃除に使用する洗剤や薬剤の扱い方や希釈率を守ることなど、より具体的にしながら、ゲストとキャストの両方が安全に過ごせる空間づくりをする仕事だと話したのだ。

「礼儀正しさ」と言うと、ゲストと触れ合わないナイトキャストにはあまり関係がないものだと考えてしまうこともある。けれど、礼儀正しさとは「丁寧な言葉遣い」だけではない。「お互いの思いやり」もその一つなのだ。ナイトカストーディアルは複数人のチームで業務にあたることも多い。夜が明けるまでの限られた時間で決められた掃除をするためにはチームワークが必要だ。協力し合い、助け合いながら仕事を進めていくことが必要で、決して単独行動で上手くいく仕事ではない。挨拶をし合うことから始まり、作業中に互いの進捗について声を掛け合ったり、お礼を言い合ったり。互いに配慮し、思いやりを持って仕事をすることが、結果的に業務の効率とクオリティにつながるのだ。

「ショー」については、「毎日が初演」（38ページ参照）だということをしっかりと伝えた。私もそうだったのだが、ナイトキャストは、自分たちは表舞台にはいない「裏方」だと考えて、つい自分から線引きをしてしまう。しかし、ナイトキャストこそ、「初舞台」への最終段階とも言える仕事をしている。どこを見ても美しいこのパークを夢の国たらしめているのはナイトカストーディアルなのだという誇りを持ってほしかったのだ。

「効率」と聞くと、急にビジネスライクな印象になってしまうだろうか。しかし、大切なのはゲスト目線の効率であって、自分たちが楽をしようだとか自分たちの作業を減らそうだとかいう考え方ではない。例えば、想像しやすいのは、ゲストで混み合う時間帯にキャストを増やすこと。お昼どきにはレストランのキャストを増やすし、閉園近い時間にはショップのキャストを増やすことで稼働レジの台数を増やす。あれらもゲスト目線の効率だ。

掃除に関していえば、毎日同じことを丁寧に繰り返すのが、実は一番効率がいいのだと説明した。汚れが蓄積してから掃除するとなると、時間も道具も労力もいつもより余計に必要になってしまう。汚れが溜まらないようにすることこそが、一番効率がいいのだ。こうして、効率よく毎日掃除をして汚れのないパークをキープすることが、何よりもゲストの「幸せへの道づくり」なのだと。

――このように、ある程度まとまったことをトレーナーという立場で話していると、まるで長くこの仕事に携わっている大ベテランのようだが、私もほんの数ヶ月前に入社した新人なのだから面白い。それでも、トレーナーという仕事をすることで、これまでの怒濤の日々で教えられたことを整理して改めて見つめ直すことができ、自分が今仕事をしている会社は、こういう信念やビジョンを持っているのだ、自分たちの掃除という仕事はこういう大切な意義があるのだと再認識することができた。もし、この役割を引き受けなければ、日々の忙しさに流されて、ディズニーの精神や掃除の仕事の意義といった大切なことを、自分も見失うときがあったかもしれない。

人のために教えているようで、実は自分のためになっていることも多い。

教育係から教育部門へ
――自分たちの仕事を広く俯瞰的に見る

私はナイトカストーディアルを経験した後、デイカストーディアルに配属になり、合計で八年、カストーディアル部門に在籍した。その後、ディズニー・ユニバーシティという教育部門に異動になった。ディズニー・ユニバーシティは、正社員含め全キャストの導入教育やその後の定期的な研修などを行うためのプログラムを考える部門だ。

ディズニーには仕事を通して人生を豊かにする原則、成功の原則がある。組織や個人が生き生きと働き、人生を楽しむためのヒントがたくさん詰まっているのだ。それを整理し、必要とする人に必要なタイミングで研修を通して伝えていく。

私個人は、とりわけチャックさんから学んだことがとても大きい。まずは「限界を決めないこと」。ウォルト・ディズニーに「落としたポップコーンを拾って食べられるくらい綺麗なパークにしてほしい」と言われたチャックさんは、誰もが無理だと思うその難題に向き合い、「水で掃く」という掃除方法を確立させた。ある方法で試して上手くいかなければ、すぐに別の方法を試す。そうやってさまざまなアプローチで問題解決をするのだ。

毎日コツコツと掃除をすれば、汚れは蓄積されない。この一見当たり前で小さなことも、「今できることは今やる。先延ばしにしない」という仕事をする上で大切な方針となる。また「自分に余裕があるのならできるだけ他者を助ける」（51ページ参照）、「いつも人を頼らずに自分で考えるようになる」（54ページ参照）ということもチャックさんから教わったことだ。そして、チャックさん本人の人柄や仕事ぶりを通して「誠実であれ」ということも。

こうして、新しい仲間に教えるために、自分も改めてディズニー哲学を振り返る機会が一層増えた。チャックさんをはじめ、さまざまな人たちに教えてもらったことを思い返していると、自身の実りにもなり、これが後に独立するときの自分の武器にもなったのだった。

ユニバーシティに異動して二年が過ぎた頃、私はこの部門のマネージャーとなった。

同じ目標を持つ仲間の声をしっかりと聞く

ユニバーシティでは、新人キャストの導入研修を行う。導入研修というのは、新しく入ったキャスト（社員もアルバイトも）全員が最初に受ける導入プログラムで、アメリカ本社との契約で、必ず伝えるべき内容とされているものだ。先に述べた「SCSE」（90ページ参照）など、ディズニーで働くための行動規準や考え方などいわゆるディズニー哲学を伝えるもので、この研修の講師をするのはユニバーシティリーダーと呼ばれる、各部門の代表である社員の役割だった。

あるとき、この講師は「社員」である必要があるのか、という声が部内であがった。その指摘は当時の我々にとってみたら、考えてもみないことだった。導入研修はずっとそのようにやってきたし、それまで特に問題もなかったため、講師について見直すことなどしてこなかった。

しかし、私は、同時に「なるほど」とも思った。現場の第一線で働いているキャストはパートやアルバイトのスタッフがほとんどだった。彼らは楽しみも苦しみも悔しさもみんな身に沁みて知っている。彼らに話をしてもらったほうがよっぽど熱く訴えるものがあるのではないだろうか。それはきっと現場にもよい影響をもたらすはずだと考えたのだ。

自分がいいと思ったアイデアはすぐに行動に移してみよう。
よく考えてからにしよう、と
頭の片隅に寝かせたままになってしまっては

そのアイデアはないものと同じだ。

早速、アルバイトのキャストからもユニバーシティリーダーへの立候補を募ることにした。さらに、そうと決まれば、応募してくれる人たちに何か記念品を渡そうと特注でグッズを作った。この「人に教える仕事」というのはなかなかに大変だ。そんな仕事をしようと強い意志を持って立候補してくれるのは、会社にとってもありがたいことなのだ。特注のグッズは彼らのやる気への敬意を表したプレゼントともいえるだろう。

よかれと思い立候補制にしてはみたが、果たしてこのチャレンジにどのくらいの人が共感し、手を挙げてくれるものだろうか。私たちはソワソワと締切日を待った。結果、100名を超える応募があったのだった！　彼らの情熱とやる気に感謝しつつ、そこから10名ほどにしぼった。こうして選ばれた彼らはすぐに講師として壇上に立つわけではない。現場の業務から一旦離れ、ユニバーシティリーダーとなるための研修を二ヶ月間みっちり行う。講師として伝えるべき「内容」についてはもちろんのこと、「話し方」の練習なども行うのだ。最終段階では、研修の成果を披露すべく、実際に導入研修のデモンストレーションをする。その場には各部門の部長も聴講に訪れ、堂々と研修を行う彼らの成長した姿を見て、驚きと感動の声をあげた。苦労して二ヶ月間の研修を乗り切ってきた彼らには仲間意識が生まれ、団結心が強くなる。部門を超えた横のつながりが生まれたのも、きっと彼らの財産になったに違いない。

こうして、現場の一キャストだった彼らは、研修を終えた後ユニバーシティリーダーとして一年の任期に就くこととなった。現場で喜びや涙を経験している彼らが行う研修は、現実味と温かさをもって新人たちの心に響いた。また、彼ら自身が新人の目標や憧れとなることも多くなったのだ。これはそれまでには見られない傾向だった。

よい影響は「研修」のその場だけではなかった。ユニバーシティリーダーは一年の任期を終えると各現場へ戻っていく。導入研修の壇上で話していたリーダーが現場に戻り、自分たちと一緒に同じ仕事をする、というのは新人キャストの強い心の支えとなる。ユニバーシティリーダーは導入研修を行う講師というだけではなく、現場でのロールモデルというとても重要な役割を担うことになったのだ。

ディズニーが最も大事にしている導入研修を現場のキャストに担ってもらうとは、それまで全くやってこなかったことだった。きっかけは部内であがった小さな声だったが、その意見を流さずにキャッチし試してみたことで、これまでにない「研修」から「現場」へのよい流れを作ることができたのだった。

仲間の声、現場の声に耳を傾けよう。
上からの声や、大きな声が「大切なこと」を言っているとは限らない。
そして、賛同できる声であれば、すかさず行動すること。
試してみないことには始まらない。

仲間が言った何気ない一言を「なるほど。それ、いいね」と正面から受け止めてすぐに行動に移したことが、この導入研修の新しい成功例を作った。
自分がチームやプロジェクトの上に立つ立場や役割だからと言って、すべてのアイデアや解決法を自分でゼロから見つけようとしなくてもいい。自分だけで解決しようと自ら孤独に追い込むより、同じ目標の下で働く仲間がいて、自分もそのメンバーの一人なのだと思うと、周りの声が耳に入りやすくなるように思う。仲間があげた声、出してくれたアイデアのかけらを、形にすべく推し進めていくことが、上に立つことになった者の役割なのではないかと思う。

幸せに働くために
互いに互いの仕事を称え合う

ユニバーシティは社員教育の部門とはいえ、最終的にはゲストに満足してもらうこと、喜んでもらうことが目指すべきゴールだ。お客さまを幸せにするためには、まずキャストが幸せでなくてはならない。キャストの皆のモチベーションが上がり、やる気になって働ける環境。働く幸福感を高めるには……私は考えた。ふと、ナイトカストーディアルとして現場で仕事をしていた頃のことを思い出す。真夜中のパークで黙々と仕事をしているとき、そこにはゲストも上司もいなかった。基本的に誰も自分の仕事ぶりを見ていない。業務に集中できるのはよかったけれど、その一方で、翌朝、チャックさんに声を掛けてもらったときの嬉しい気持ちも大きかったものだ。

そこで、同じ部署のキャスト同士がお互いのよいところを褒め合う制度を取り入れることにした。それが、「スピリット・オブ・東京ディズニーランド（今では形式や名前も変わってはいるけれど）」と呼ばれるもので、既にアメリカのディズニーパークでは運用されているものだった。

また、これも既にアメリカのディズニーで実施されていたものなのだが、部署の垣根を越えて社長を含む全部署の管理職が、「We Create Happiness」を実現した素晴らしいキャストに遭遇した場合には、どこの部署のキャストでも、その場で「ファイブスターカード」を渡して褒め称えることのできる「ファイブスタープログラム」という制度も導入した。他部署の上司や役員、社長から直接褒められることは、これまではほとんどなかったと言っていい。カードを渡す方も受け取る方も、初めこそ照れがあったものの、やがて少しずつカードが手から手へと行き来するようになり、相手のよいところを認めて称え合うという文化が根付いていくこととなった。

思いがけない人から
自分の仕事を褒めてもらえる、というのはとても嬉しいもの。
不思議と仕事への誇りとやる気が生まれる。

さらに、受け取ったファイブスターカードを事務所に持っていくと非売品のグッズがもらえるという仕組みも作った。言葉だけではなく、形として手に取れて記念に残るものがあれば、もっと嬉しいし、張り合いが出るのではないかと思ったのだ。特別感があったほうがいいだろうと、既存のデザインではなく、わざわざデザインを新しくおこして、そのグッズを作った。

何年も後、ディズニーとは全く関係のない場所で、この非売品のグッズに期せずして出会ったことがある。私がオリエンタルランドを退社し、コンサルタントとして独立してからの話だ。とある企業のセミナーで、会場に料理人を招き、その場で調理をした料理を講演終了後にいただくという少し変わった機会があった。セミナーの参加者からの質問に答えるなど歓談していると、その料理を作ってくれていたシェフが私のところにやって来て、「私はディズニーランドのキャストだった頃、ファイブスターカードをたくさんもらいました。大事にしている名刺入れがあるんです」と見せてくれたのは、ティンカー・ベルの名刺入れだった。それは、当時ファイブスターカードを5枚受け取るともらえた非売品のグッズで、キャストを辞めた後も彼はそれをずっと使っているのだという。キャストを卒業してからも、頑張っていれば必ず誰かが見てくれていること、他者を認めて称え合うことなど、ディズニーでの素晴らしい経験を大事にしてシェフの道を歩んでくれているなんて、とその制度を導入した私としては何とも嬉しい出会いだった。

また、トレーナー用のバッジも作った。トレーナーは現場で新人や後輩キャストを指導する役割。普段の業務に加えて、ディズニーのサービスの本質を新しく入ってきた仲間に伝えていくという、とても大切な仕事をしている。そのトレーナーとしての誇りを持ってもらえるよう、誰から見てもあの人は「トレーナー」なんだと分かるように、ネームタグにつけられるバッジを作った。モチーフはピノキオに登場するコオロギ「ジミニー・クリケット」だ。ピノキオを正しい道へと導く「良心」として描かれている彼は、トレーナーのバッジにぴったり。これもデザイン部門にお願いして新しくデザインして作った。アメリカ本社にデザイン案を提出してはダメ出しをされて、何度もやり取りをして作り上げた。

ゲストにハピネスを届けるためには、キャストも幸せでなければいけない。

幸せに働くとはどういうことか。

やりがいを持ち、自分の仕事に誇りを持てることに他ならない。

経験を活かして
仲間に共感し、アドバイスをする

キャストにはいろいろな年齢・経歴の人がいて、社員でこそないものの、アルバイトとしてしっかり働き、技術面でも申し分のない優れた人たちがたくさんいる。それこそ、ユニバーシティリーダーの経験を持つ人も存在している。そんな現場に、春になると、大卒の新入社員が配属になる。どのサービス業でも見かける状況ではあるが、社員である彼らはやがて現場の皆を束ねる立場になっていくことが会社から期待されている。となると、現場では、業務を覚えて経験を積むこと以外に、自分より年齢が上だったり現場経験が豊富な皆の信頼を得ることも必要となる。かつて、年齢・経歴もさまざまなナイトカストーディアル部門に放り込まれた自分にも身に覚えのある戸惑いだ。

私はカストーディアル部門に配属された、とある新卒の男性社員にささやいたことがある。「既に働いているアルバイトさんに負けないように頑張れ。清掃のスピード、トイブルーム（箒）とダストパン（塵取り）の扱い、なんでも。とにかく世界一のカストーディアルキャストを目指すつもりでやるんだ」と。彼は新人研修で「カストーディアルの仕事は単なるごみ拾いではない」という理念を十分学んでいる。しかし、ここで皆の信頼を得るために必要なのはこうした綺麗な言葉や知識ではなく、まずはとにかく実務ができることなのだ。

真面目な彼は、まず歩くスピードをあげ、そして箒づかいの技術力を高めた。テキパキと動いてすがすがしく気持ちのいい仕事ぶりが板についた。その素晴らしい箒さばきに、ゲストの子どもたちから拍手をされるようになった。技術を磨き続けた彼は、やがて誰からも拍手を送られるほどにカストーディアルとして成長し、信頼されるリーダーへとなった。

大卒で入社してきて、カストーディアル部門への配属が言い渡され、泣いてしまった新入社員もいた。自分が思い描いていた未来とあまりに違っていたのだろう。私にもその気持ちはよーくよーく分かる。意気消沈するその新入社員のところへ行き、「私も全く同じだったよ」と声を掛けた。ユニバーシティのマネージャーがまさかナイトカストーディアルだったとは思いもしなかったのかもしれない。少し驚いた表情を見せながらも、配属された場所で頑張ることを約束してくれた。

こんな風に、自分のこれまでの経験を話の種にして新人に声を掛けることもあった。「分かるよ」「自分も同じだったよ」と共感しながら、新人に声をかけて鼓舞してあげられるのも、上の立場ならではの役割かもしれない。これが新人同士ではただの「つらい」「悲しい」という愚痴だけになってしまう。同じ思いを抱きながら、数々の経験（嬉しいこともつらいことも）をしてきた立場から、新人を見守ってあげることができるのだ。

話すだけではなく、「聴く」ことを身につける

ユニバーシティに来てから、そして現在の仕事をしていても常々思っていることがある。それは、人とのコミュニケーションは自分が話してばかりでは成り立たない、ということだ。話すことを仕事にしている立場から言うのは不思議に感じられるかも

しれないが、人前で話す仕事を生業にしていると、どうしても人の聞く態度が気になる。例えば、たくさんの人の前で話すとき（それは20〜30人でも2000人でも構わない）、こちらから見て、目に留まる人がいる。その人たちの特徴はまずは微笑み、そして私の顔を見て（もしかしたら目を見ているのかもしれない）しっかり聞こうとする態度で聞いている。いや、同じ「聞く」でも「聴く」だ。耳だけでなく目と心を傾けている感じがして、こちらに好意を持っていると思わせてくれるのだ。人の話は、相手の目を見て頷きながら聞く――こんなことはとても基本的なことで、子どもの頃から何度も言い聞かされてきたことかもしれない。けれど、人は自分の姿を見ることは稀で、自分がどんな態度で相手と対しているか分からないものなのだ。ここに落とし穴がある。小さなことだと思わずに今一度見つめ直したいところだ。

これが少人数での会話や一対一であればなおさら顕著になる。どんなに話を聞いていようともそっけない態度で聞いているように相手に見えてしまったら、相手からの信頼は得られないだろう。声（言葉）だけを聞いていても、用件は伝わるかもしれない。しかし、相手の表情や些細な感情を見逃してしまい、小さなずれから取り返しのつかないことになることもある。相手の顔や表情を見て話を聞くことで、言葉以上の情報を得ることができ、コミュニケーションがよりスムーズになるのだ。
「聴く」というのは、人とスムーズなコミュニケーションをするため、そして信頼関係を築くためにとても大切なこと。
「聴く」ことは、人生に大きな影響を与えるだろう。

自分の業務に集中することはいいことだ。私もそうやって懸命に掃除をしてきた。けれど、仕事は一人でできるものではない。自分の業務それ自体は一人で行うものだったとしても、仕事仲間や他部署の人など社内の人とのコミュニケーションが必要になったり、チームで協力が必要になったりする。そんなとき、自分ばかりが話して人の話を適当に聞いていたのでは、仕事は円滑には進まない。

思えば、私は掃除の素人としてカストーディアルに配属になり、とにかく掃除の仕方を覚えなくては、と真剣に耳を傾けていた。慣れない仕事という緊張感も手伝って、聞き逃すものか、という気持ちで人の話を聞いていたように思う。後にエリアスーパーバイザーやトレーナー、マネージャーなどの立場になってからは、ひたすら仲間の声に耳を傾けてきた。気付けば、私は誰かの話を真摯に聞くことでここまでやってきたのだった。

仕事でのステップアップは自分の人生を見つめ直すきっかけにする

人の上に立つリーダーになんてなりたくない、そう思う人も多いのかもしれない。けれど、もし機会に恵まれることがあれば、まずはチャレンジしてみてほしい。適性があるかどうか自分で判断できることは稀で、実際にやってみて気付かされることのほうが断然多い。自分はそんな柄じゃない、と思う人もいるだろう。けれど、リーダーシップというのは力尽くで強く皆を引っ張っていくことだけではない。細やかな配慮で仲間を支えることに長けたリーダーもいるだろう。リーダーシップにはさまざまな形があっていい。

もし、どうにも受け入れ難い場合、転職や独立を考えることもあるかもしれない。会社やプロジェクトが変われば、自分に求められることも変化するし、もしかしたら望む働き方をキープできるかもしれない。しかし、一方で独立をすればリーダーどころかマネジメント（管理）能力などが必要になることも往々にしてあるし、新しい会社やプロジェクトでも同じようにリーダーに就くことをまた求められるかもしれない。今の場所から離れられさえすれば、マイペースに仕事ができるというわけでもないのが現実だ。

いずれにしても、リーダーになる、あるいは部署やプロジェクトを変わる、など自分の身に「変化」が降ってきたとき、単純にそのことの是非だけを考えるのではなく、自分はどういう仕事人生を歩みたいのか、長い目、広い視野で人生プランを見つめ直してみてはどうだろう。自分の人生をいかに生きるかを考えるきっかけとして、「変化」を受け止めてみるのだ。

3

次の夢に向かうとき

ディズニー・ユニバーシティに七年在籍した後、私は十五年のディズニーとの生活に別れを告げることを決断した。そして今、日本中を飛び回り、ディズニーから学んだことを人々に伝えている。どうしてもディズニーで働きたくて、5回にも及ぶチャレンジをして夢を摑んだのに、そして十五年勤めてきたのに、その場所から離れるというのは少し矛盾を感じるだろうか。しかし、私はディズニーで働くうちに、ここで学んだ素晴らしいことをできるだけ多くの人々に伝えたいという次の夢が膨らんできたのだった。

それはカストーディアルとして懸命に八年働き、ディズニー・ユニバーシティでの仕事にしっかりと向き合ったからこそ生まれた「次の夢」だった。掃除という仕事を通し、また、夜間に働くという経験を経て、そしてチームのリーダーになったり、社員教育の部門で働いてきたりして、私はそれまでの人生では得ることのできなかった多くのことを学んでいた。人に教えてもらったこともあれば、働きながら自分で考えたり感じ取ったりしたこともある。私が両手で握りしめている大事なこれらは、きっと多くの人の助けになり、役に立つのではないかと考えたのだ。

人は何かに一生懸命になっているからこそ、「次にやりたいこと」「次の夢」が見つかるのではないだろうか。夢は変わっていく。大きく膨らむとか一つ増えるとか、分かりやすい変化のときもあるだろう。一方で、これまで思い描いてきたものと違うものに変わることもある。すると、夢を叶える場所も変わってくるのだ。

今のテリトリーの外で、頭と心のアンテナを張る

ユニバーシティで研修制度をもっと充実させたいと考えていた最中、私は後輩に「こういう面白そうなセミナーがありますよ」と声を掛けられ、それなら行ってみるかと、そのセミナーに参加してみた。忙しいから、疲れているから、興味がないから、

と断ることもできたかもしれない。けれど、これまであまり縁がなかったジャンルの誘いだったこともあり、プライベートで足を運んでみたのだった。

そこで聴いた「自分の人生をいかに生きるか」というテーマと「会社をよくするには個人から」という考え方が、当時の私にとても響いた。これは自分たちが抱えている社内研修の問題にも通じるのではないかと思い至り、早速、参考になった部分は仕事（ユニバーシティでの研修制度）に取り入れ、研修制度の改革を進めた。

仕事に役立てる一方で、私自身そのセミナーで学んだことに感銘を受け、こうしたセミナーを主催するビジネスにも興味を持ち始めた。仕事の意義や仕事と向き合う姿勢、幸せに働くとはどういうことか、そうしたことをディズニーで働きながら学んできていたが、そのセミナーでは「自分はどう生きるのか」「幸せに生きるとは」という、人生についての本質的な問いかけをされたような気がして、ハッとしたのだった。

人が自分の人生を大きく変えようと一歩を踏み出すとき、何かに「惚れ込む」というのは一つの大きなきっかけになる。

惚れ込むものは、さまざまだ。企業や商品、あるいは人なのか、これまでの自分の人生で出会ってこなかったモノ・コト。それは今勤めている会社の外にあるかもしれないし、プライベートで初めて足を踏み入れた場所で出会うかもしれない。20代の私にとってそれはディズニーであり、40代の私にとってはコンサルティングという仕事だった。

夢の実現には「下ごしらえ」が大事

カストーディアルでトレーナーとしての業務にあたり、ディズニー・ユニバーシティという教育部門に就いたことで、私はディズニーの仕事哲学というものとそれなりの期間向き合ってきた。こうして自分が学んできた素晴らしいことを、もっとたくさんの人に伝えたい、必要とする人はたくさんいるのではないだろうか、と考えるようになっていた。ディズニーという枠を越え、多くの業種のビジネスの役に立つに違いないと考えたのだ。しかし、ビジネスに役立つ哲学を多くの人に伝える……と言ってもそう簡単なことではない。ユニバーシティ時代から「話をすること」は好きだった。社内研修の一環だったり、雑談の中だったりで話したりする分には上手く伝えられるかもしれない。けれど、それを不特定多数の人に向けて話す「仕事」となったら、それは全くの別問題だ。ビジネスとして成立させるための最低限のノウハウが必要となる。

そうだ、あの会社で働きながら、それを学ぼう。

ユニバーシティの研修制度を改革するきっかけをもらったセミナーを主催していたコンサルティング会社に私は転職することにした。

ディズニーに入社して十五年、会社は挑戦と成長を繰り返し、ゲストにハピネスを届けるという理念はそのままに経営方針やビジョンなど細かな点で、状況にあわせて変化を見せ始めていた時期でもあった。そんな社内的なタイミングもあり、私は退職を決意した。退職を申し出たときは、周りにかなり驚かれたが、自分のやりたいことを正面から伝えると、理解を示し、応援してくれた。

入社した先で私は、基本的な講義の仕方、話し方、セミナー内容の組み立て方など、たくさんのことを実地で学んだ。最終的に伝えたいことは同じでも聴き手によって話し方や話す内容を変える技術や、自分のキャリアをセミナーの趣旨に合うように取り入れて説得力を持たせる方法など、自分が伝えたいことを相手に届けるためにどうすればよいのか、学ぶことはたくさんあった。

技術的なことはもちろんだが、何といっても度胸がついたことが大きい。ユニバーシティでは新入社員にせよ管理職にせよ、聴き手は同じ会社の仲間だ。気持ちの負担はそれほど大きくはない。それがどうだろう、ここでは、知識も経験も私より豊富であろう大企業の管理職の面々が私の話を聞くのだ。しかも、お金を払ってまで。そんな彼らに「なるほど」と納得してもらえるようなセミナーをしなくてはいけない。臆している場合ではないのだ。とにかく聴き手の目を見て、おどおどせずに自信を持って話すようにした。

ちょうどそのとき、その会社はセミナーやコンサルティングの依頼が増えてきていて、スタッフをどんどん採用していた時期だった。私と一緒に入社した講師も5、6人いて、若い人が多い中、46歳の私が一番年齢が上だった。一般的に転職するには遅めの年齢だ。けれど、そこではそれが功を奏した。当時は今ほどコンサルタントになじみも薄く、話を聴く立場になってみると、ある程度年齢が上の人間が話をする方がどうやら耳を傾けやすいようなのだ。特に幹部職など、（無意識でも）年齢や経験を重視する世代の人たちにとっては、私のようなおじさんが話をするほうが「聞いてみるか」という気持ちになりやすかったのだろう。おかげ様で、入社してまもない頃からオーダーをたくさんもらうことができた。とにかく経験を積もうと、依頼された仕事を一つ一つやっていたら、月に三日も家に帰れないような日々が続いた。

三年間みっちりと働き、手応えを感じたところで、元々の「ディズニーで学んだことを多くの人に伝えたい」という夢を叶えるために、独立に向かっていよいよ踏み出すことを考え始めた。

夢を叶えるためには「自分の武器」を持つ

人は今の仕事を辞めて新天地へ向かうときには、夢を描く。転職したり独立したりするとき、新しいところではこうやっていこう、こうなりたい、と大きな夢を思い描く。ただ、実際に動き始めるとき、その夢だけを大事に握りしめているのでは成功することは限らない。新しい戦いに向けて手ぶらでは心許ない、武器が必要だ。

夢を叶えるためには、
「自分の武器」を持っていないといけない。
自分は何が得意で何ができるのかを、
動き出す前に把握しておこう。

このときの私の武器は、ディズニーで得た仕事哲学を実現させる経験と、コンサルタント会社で身につけた講師としての実践を元に創り上げた独自のコンテンツだった。
ウォルト・ディズニーの理念がもたらす普遍的な仕事への考え方を知り、実際に現場の仕事に活かし、アルバイトのキャストまでもが同じ気持ちで働く姿を間近で見て、どの企業にとっても働くスタッフ全員に「企業理念」や「行動指針」を深く理解してもらうことが大切だということを伝え、それをビジネスに応用し発展させるために大事なことは何かといった内容を、セミナーという形で提供できる、それが私の武器だ。
オリエンタルランドの経営手法を説くつもりは毛頭ないが、公開されているディズニーの運営方法について、パークを例に話すこともできるだろう。エンターテインメントやアミューズメント、サービスといった業界だけに通じるものではなく、もっともっと汎用性のあるものを、私は自らの手に持っていると確信していた。この私の武器を必要としてくれる企業はたくさんあり、きっと多くの人の役に立つことができるだろうと信じていた。

夢の継続のために、必要なお金を生み出す方法を考える

独立を考え始めた頃、勤めていたその会社が買収されることになった。それまでは日本法人がアメリカ法人と契約して日本で事業を展開していたのだが、日本でのビジネスがとても順調なのを感じ取ったアメリカ法人が日本法人の買収に動き出した。そのとき、私は四名いる役員のうちの一人で、副社長となっていた。他の役員三名は会社の株を持っていて、この買収の流れで利益を得ていたが、私は株を持っていなかったので全くもって利益を得ることができなかった。正直、独立しようにも資金面では

非常に厳しい状況だった。しかし、私は独立するなら今このタイミングだと考え、自分の直感を信じて、会社を退職した。

何者でもなくなった私は、300万円を資本金にして有限会社を立ち上げた。会社設立の際には、すべての手続きを自分で行った。どんな手続きが必要なのか一つ一つ調べながら、法人登記を行い、定款を公証役場（なんて、初めて名前を知った機関）に届けにも行った。自分の会社なのだから、自分の手足で手続きをしたかったのだ。

夢の第一歩はこうして踏み出したものの、その夢を持続させるために「自分の武器」を使って、どうやってお金を得るかということを考えなくてはいけない。事業を継続していく資金を、そして生活していくだけのお金をしっかり得るための方法を考えるのだ。計画を立て、作戦を実行した上で、最初のうちは上手くいかずに収入につながらないことはままあるだろう。しょうがない、それも想定内だ。けれど、無計画の行き当たりばったりでしくじってしまったら、その後の軌道修正も考えられなくなってしまう。

新しい場所で仕事の成果を出し、お金を稼ぐために、

自分の武器を活かした計画を立て、戦略を練る。

私の場合は、売りたいもの（商品）はもう私の手元に準備できている。となれば、売り上げを出すために「顧客をどうやって摑むか」が最初にして最大の課題だった。

独立前に勤めていた会社は、販売代理店がどんどん大口の顧客を連れてきてくれて、私も大きな企業の社員や幹部職を相手にセミナーを行っていた。しかし、自分が独立したときにそうした顧客に営業することはもちろん、会社在籍時の実績を振りかざして売り込むわけにはいかない。それはあくまでその会社の顧客であって、私個人の顧客ではないからだ。会社にネームバリューがあり、自分が担当として講師をやれていただけのこと。独立をした私の実績は白紙だといってもいい。設立したばかりの実績のない小さな会社に、お金を払ってセミナーを依頼してくれる顧客——一筋縄ではいかなそうだ。この課題をクリアして、予算難を切り抜けなくてはいけない。

「自分の武器」にあったアクションプラン（戦略）を考え、そして実行する

さて、名もなき会社の講師のセミナーを受けようと思ってもらうにはどうしたらよいだろうか。講演内容のよさを伝えることはもちろんだが、たくさん営業もしなくてはいけないだろう。とはいえ、そのときの我が社は私と大卒新入社員の秘書の二人だけ。営業の人員を雇うお金はなかった。

私は考えた。

そして、とある旅行代理店の虎ノ門の店舗に飛び込みで営業に行くことにした。会ってくれた支店長さんに、突然話を持ちかけたのだ。私の商品を売ってもらえませんか、と。

旅行代理店は個人向けのパックツアーを売っているだけではなく、法人営業部というものがあって多くの会社と取引があり、出張などの手配をしたりしている。起業したての名もないコンサルティング会社が相手にできないような大企業を顧客として持

っている。そこに注目したのだ。法人営業部の人たちに、自分たちの商品とともに、私の商品を売ってもらえないだろうかと考えたのだ。

「自分の武器」にあったアクションプラン（戦略）を考えたら、まずは実行あるのみ。

頭の中で考えているだけでは、仕事は成功しないし、お金も稼げない。継続できない夢は、しぼんでしまう。

とにかく必死で自分のセミナーの内容について説明をした。成功企業の事例として分かりやすいディズニーでの体験や、働く人すべてが企業理念や企業の存続理由、自分の社会的価値を知ることの大切さを説き、こうしたセミナーを必要としている会社がきっとたくさんあるはずで、多くの人の役に立つはずだということを、熱を込めて説明した。そして、相手の旅行会社へのメリットについても、私なりの考えを一生懸命伝えた。私の商品は、「顧客満足」「社員育成」といった、「会社がより繁栄するための内容を伝えるセミナー」であり、それを、あなたたちが顧客に紹介するというのは、大切な顧客のＷＩＮ（利益）を考えた提案になりませんか、ひいては顧客満足を得られるあなたたちのＷＩＮ（利益）にもなりませんか、という話だ。

成約時には手数料を支払うことと、まずはその旅行会社の企業営業を担当している皆さんに、無料で私のセミナーを受講していただき、内容のよさを実感してもらってからの話でいい、ということも付け加えた。

一見、誰もが無理だろうと思いそうなこともありったけの熱量で、真正面から臨んでみる。人の気持ちを動かし、運を呼ぶのも自分なのだ。

私の熱が届いたのか、運がよかったのか、支店長さんはこの話に乗ってくれたのだった。まず、その支店の社員にセミナーを受けてもらい、内容を知ってもらうことにした。商品（セミナー）のよさを理解してくれた彼らは、素晴らしいパンフレットを作ってくれたりもして、数多くの会社に私の商品を紹介してくれたのだった。おかげで大企業からセミナー依頼がくるようになり、私は順調に会社の事業を展開することができるようになった。さらには、その支店だけではなく、他の支店でも同じビジネススタイルを取ることができるようになり、何百人という営業マンが私の商品を売ってくれることになったのだった。そして、こうした支店での話を知ったのだろう、その旅行代理店の幹部職向けの研修も依頼してくれるようになった。

後から思えば、この戦略が成功した要因の一つに、旅行代理店と私のセミナーとはビジネス的な相性がよかったこともあるだろう。当時、CS（顧客満足）向上というテーマにおいて、ディズニーはよいお手本だった。年々100万人くらいずつ来客者数が増える右肩上がりの状況。そのノウハウを知りたい企業はたくさんあった。セミナーを代理店の商品として取り扱う場合、通常であれば、講演チケットや交通チケットを販売する程度となるが、セミナーの内容とからめながら、ディズニーのテーマパークを体験したり、（必要があれば）一泊したり……というオプションをつけやすくなる。旅行会社としてもビジネスの幅が広がる商品だったわけだ。ビジネスにはWIN‐WINの発想が不可欠で、これが結果を導いてくれたりもする。

「待ち」の姿勢ではなく、地道なやり方でも「自分で動く」

こうした戦略の他に、意外にも地道な販路開拓も行っていた。今では考えられないが、営業のＦＡＸをひたすら送ったのだ。そのたくさん送った相手先のうちの一つ、郡山の商工会議所から電話がかかってきて、講演をやってほしいと言ってもらえた。当日、会場に入ると、私の名前入りの横断幕が掲げられ、大きなお花も飾ってあり、歓迎してくれているのがよく伝わってきてとても嬉しかった。

その商工会議所のホームページで告知をしてくれていたらしく、それを見た、とある企業の人事担当者がわざわざ九州から郡山まで私の講演を聞きに来てくれていた。内容に共感してくれたその人は「ぜひ、私の会社でも」と言ってくれた。なんと、その企業は、大手の携帯電話・移動通信事業者で、子会社まで含め、たくさんの依頼をいただくことになった。ＦＡＸ営業で依頼をもらった郡山の商工会議所での講演から、こんな大きな仕事につながるとは、人の縁や運というのは分からない。ただの偶然であり、ラッキーなだけなのかもしれない。しかし、やはり自ら動いていたことが功を奏したのではないかと思うのだ。

セミナー講師として独立した場合、一般的には営業ツールを持ち合わせていないので、研修コンサルタント会社の専属講師になるか、いくつかの講師派遣会社に登録するかしたりする。それは手っ取り早いやり方ではあるけれど、それだけでは私には他力本願で「待ち」の姿勢に思える。やりたいことがあって独立したのに、待っているだけって何のための独立か分からない。自分で営業もできる講師にならないと！　地道なことでもいいから自分で動く＝「攻め」の姿勢でいるということが、その後の仕事の広がりにつながるのだと思う。

やりたいこと（夢）があるのなら、待っている場合ではない。とにかく自分で動いてみよう。

また、無名だったとしても、競合相手にひるまず臆せず動く、ということも身に沁みた。

知人が、ある大手航空会社に私の会社を推薦してくれたことがある。その航空会社は社内研修を担う会社を探していて、その知人に「どこかいいところは知らないか」と尋ねたらしいのだ。推薦してくれた彼は、私のセミナー内容をよく理解してくれていたので、「それなら、こういう会社があるよ」と名前を出してくれたのだという。その航空会社は、私の会社の他にもいくつかのコンサルタント会社（国内・外資問わず、名だたる企業だ！）にも声を掛け、各社がプレゼンをすることになった。他社はパワーポイントなどを駆使して充実した資料でプレゼンをしているのに対し、我が社はA4サイズの白黒プリント一枚だった。こういうのは大事なポイントを簡潔に一枚にまとめるものなんだ！　と強がったりもしつつ、しかし、ひるまずに伝えたいことはしっかりと言った。結果、その航空会社から仕事の依頼を受けることになり、約1500名の社員研修や幹部研修を、その会社で十年以上続けることができた。

会社を立ち上げたとき、まずはとにかく多くの人に会社と自分を知ってもらえるべく行動していたように思う。いい年をした大人が躍起になっている様子を訝しく思った人もいるかもしれない。その一方で、こうやって知り合いに紹介してくれたり、面白いと依頼をしてくれる人にたくさん出会えた。

やりたいことを継続させるためには
他でもない「自分」の覚悟と行動が必要。

夢の継続
――伝え続けるということ

ディズニーランドというテーマパークでずっと持ち続けた「ゲストに幸せを提供するため、自分たちは働いている」という考え方は、どんな仕事にも通じる普遍的なことだと私は信じている。どの仕事にも、その先には幸せにしたい相手がいて、その相手のためになりたい、役に立ちたい、喜ばせたいという思いが原動力となるのだと。それをたくさんの人たちにさまざまな形で伝えてきたつもりだ。そして、話をしていて、「ああ、きちんと伝わったんだな」と感じる瞬間、自分の夢のカケラの一粒一粒が昇華していくように感じる。

1999年にオープンしてから2022年に閉館するまで、たくさんの人が訪れたショッピングモールが都内にあった。「女性のためのテーマパーク」と謳っていた商業施設で、ヨーロッパ風の美しい街並みの内観で、屋内に噴水広場、教会広場が設けられており、青空や夕焼けといった照明による空間演出もあり、非日常的でコンセプチュアルな面白い施設だった。路地風の小路を配した館内は、あえて迷子になるのを楽しむ作りになっていた。

そのショッピングモールがサービス面で他のショッピングモールと大きく違っていたのは、アテンダントクルーというお客さまのリクエストに応えるスタッフを館内に配したことにある。あえて迷いやすく作った館内であるため、お客さまがすぐに声を掛けられて案内ができるスタッフが必要だったのだ。また、フォトスポットを多く作っていたこともあり、シャッターを押す役割も担った。まるで、掃除をしながら道案内をしたり、写真撮影をしたりするディカストーディアルキャストのようだ。訪れた人々ができるだけ不便を感じることがなく、楽しんで満足してもらえるよう、複数人のアテンダントクルーが館内を回るようにするとのことだった。

オープンの三ヶ月前、私はこの施設のスタッフの研修を依頼された。それならば、お客さまにサービスを提供するアテンダントクルーはもちろんのこと、清掃スタッフや駐車場のスタッフなど館内のすべてのスタッフに研修を行ったほうがいいと私は提案した。例えば駐車場スタッフは、車で来たお客さまが最初に会うスタッフになり、施設の第一印象になりうる重要な役割を担うのだ。「大きな声で礼儀正しく挨拶する、という当たり前のことですが、それをしっかりやりましょう」と話した。清掃のスタッフには「館内を清掃するときは背筋をのばしてきびきびと元気にね」と。すべてのスタッフに研修をすることに驚いていた依頼者も、それぞれの研修内容を見聞きすることで、こちらの提案を理解し納得してくれたのだった。

さらにはテナントで入っているショップの店員さんへの研修も任されることになった。各ショップの店員さんはそれぞれの会社で採用され、このショッピングモール内の店舗に配属されているだけで、この施設に雇われたスタッフというわけではない。しかし、この研修を受けないと施設内の店のシフトに入れないようにするという徹底ぶりだった。それほどまでに全体のテーマ性を大切にしていたのだ。

「私たちはこの街の住人であり、遠くから来た旅人（お客さま）を心を込めておもてなしすることが使命です」というコンセプトを全員に伝え、自分がなぜここにいるのか、自分の役割は何か、ということをしっかりと心に刻んでもらったのだ。こうして、施設全体でコンセプトが共有され、多くのお客さまが訪れる魅力ある場所として継続できた。

このオープン時の講演を受けたショップの店員さんが「こういう研修を受けました」と社内に報告をしたことから、そのショップの他の店舗や本社から講演を頼まれるというありがたいつながりも生まれた。講演で話したことが、相手の心にしっかり届いていたことが分かり、とても嬉しかった。また、ここでの講演をきっかけに、都内の他のショッピングモールから講演依頼をいただいたこともある。

一貫して伝え続けていることが、こうして多くの人の心に響いて、縁がつながり、仕事＝夢が継続できているということを、とてもありがたく思っている。

そして、２０２２年の閉館直前。この場所がなくなる前にもう一度、最後に講演をしてほしいと依頼をいただいた。勤めてくれたスタッフ皆にこのショッピングモールでの勤務を終えた後も、他の場所で活躍してもらいたいという初代館長さんの願いから企画された講演だった。

講演には、各ショップの店長さんが集まってくれた。

その中に、なんと二十年以上前のオープン時の研修テキストを持っている方がいたのだ。

「これは私たちの店舗でずっと受け継がれてきたものです。新しく入った人は皆これに目を通してこの場所はこういうところなんだ、というのをちゃんと分かってもらってから勤めてもらうようにしてきました。」

笑顔でそんな風に話してくれた。オープン時に講演したことが閉館時の今までこうして生き続けてきてくれたことは、この仕事をしていて本当に嬉しい出来事だった。

幸せに働くために自分の夢を探す

私は、社会人になってから「ディズニーの世界で働く」という夢に出会った。さらに、「ディズニーで学んだことを多くの人に伝えたい」という次の夢に向かって歩みを進め、それを継続させている。

「夢」というのは、結構難しい。小さい頃に思い描いた「サッカー選手になりたい」「パティシエになりたい」という夢を早々に通り過ぎ、それなりに勉強して、就職をして、社会人として仕事が忙しい今、夢や目標と言われても、「そんなのない」「思い浮かばない」と言う人も多いだろうと思う。就職したばかりの私がそうだったように。

けれど、「夢」や「目標」を持たないまま、何となく仕事をし続けていると、ふとした些細なきっかけで、目の前の作業に前向きに取り組めなくなってしまったり、将来に漠然とした不安を持ったりすることがあるかもしれない。周りからの評価や給料のためだけに働いていると、どうしても苦しいときやつらいときに、ここぞというときの踏ん張りが利かなくなってしまう。自分の中にある「これだ」という夢や目標があればこそ、頑張ろうと思えるのではないだろうか。だから、今目の前の仕事に忙しい人こそ、夢や目標を見つけてほしいと思う。

「夢がない」というのは、それは、ただただ、人生においてまだ出会っていない、見つけていないだけに過ぎない。私がディズニーに出会ったのは、社会人になってから、26歳の頃だった。私が大人になるまで、日本に存在してすらいなかったのだ。

人は自分が知らないことは思い描けない。自分の経験や知識の中からしか考えることはできないのだから、知らないこと出会っていないことは「夢」になりえないのだ。

つまり、これまで自分が見聞きしてきたことの中に、たまたま見つからなかっただけ。

印象的な経験をしたり、これまでにない強烈な感情を抱いたり、初めて知ることや深く関心を覚えることに出会ったりしたとき、自分の中に小さな夢が芽生えてくる。私がディズニーの世界を知ったときも、まさにそのような感じだった。新婚旅行で訪れたディズニーランドは、私には鮮烈な印象と感動を残した。

今、夢がないという人も、焦ることは全くない。むしろ、これから出会えることを楽しみにしながら、探していってほしい。これまで自分が見聞きしてきた中では見つかっていないのだから、これまでに体験してきていない新しいモノやコト、世界に手を伸ばしてみてほしい。いつまでに見つけなくてはいけない、という決まりもないし、きっと探していく過程も面白いだろう。

好きなことや憧れるものが見つかるかもしれない、あるいは、すごく得意なことが見つかるかもしれない。そんなとき、そこを少し掘り下げていってみる。どこが好きなのか、なぜ楽しいと思ったのか、何に感動したのか、どうして気になるのか。そこから「こうしたい」「あれをしたい」「やってみたい」という夢や目標につながっていくだろう。自分が「やりたい」と思ったことを実現するために働けるというのは、とても幸せなことだと思う。

そして、一つ覚えておいてほしいのは、仕事は人生の一部であり、人生のビジョンをしっかり持つことが大切だということだ。仕事は夢そのものではなく、こうありたいという夢＝人生のビジョンを叶える手段の一つ。その職業に就くことが最終目的なのではなく、その仕事を通して、働きながら、自分の人生における夢や目標を実現させていくのだと考えてほしい。

例えば、今の会社（仕事）を続けようかどうしようか悩んだとする。このとき、大切に考えてほしいのは「自分の夢や目標がどんなことで、自分がどんな人生を歩みたいか」ということだ。迷ったときは、自分の目指している「こうなりたい人生」ってどういうことなのか、振り返ってみてほしいのだ。

「仕事」という目線だけで考えると、今の目の前の仕事がいいとか嫌だとか、自分に合っているとかいないとか、こういう仕事の方がよかったとか、こういう会社に入りたかったとか、そうした狭い見方になってしまいがちだ。もちろん、自分の人生の夢や目標と現状とを照らし合わせてみた上で、どうしても我慢ならないと思ったときは、別の道を選ぶことがあっていい。会社の運営が表向きの方針と実際の経営戦略とで乖離があったり、社員を大切にしているといいながら真逆の現状であったり、管理職や上司があまりに理不尽であったり、独裁的なトップに忖度する人間がいたり……。そんな組織が、自分の「こうなりたい人生」の一部であるはずがないのだ。そんなときは、軽やかに別の道を選んでほしいと思う。

仕事の内容とは別に、もっと給料のいい会社や職種に就きたいとか、誰しも思うところはあるだろう。こればかりは、それぞれの価値観だったり、優先順位だったりするので、一概にこうとは言い切れない。ちなみに、ウォルトはこう語っている。

「1ドルを稼ぐために働くのではない。
何かを生み出すため、楽しむために働くのだ。」

私はこれを身をもって経験している。ディズニーに入る前に働いていた住宅メーカーではトップセールスで手当もそれなりについていたが、ナイトカストーディアルとして働き始めたとき、給料はかなりダウンにすることになり、私の年収は半減した。しかし、私は憧れのディズニーで働けることが嬉しかったし、掃除や夜間勤務ということへの葛藤はあったが、給料のせいでやる気が出ないということもなかった。妻にはそれなりに覚悟をしてもらわないといけなかったのだが、ありがたいことに彼女は新しい職場に向かう私を応援してくれていた。

もし、自分のやりたかったことの目の前まで歩いて来ているのなら、そのまま手を伸ばしてみるのも一つの選択だ。だって、ずっとやりたかったことなんだから。今、やれるかもしれないんだから。やり始めたときは低かった給料が、自分の成果によって上がるかもしれないし、一生懸命働いてもそのままかもしれない。それはまだ今の自分には分からないことだ。そのときは、その状況で自分の優先順位を見つめ直して人生の方向を決めればいい。

逆に、やりたかったことに手が届きそうだったとしても、そのとき自分の人生において、他にもっと大切なこと、優先したいことがあれば、「手を伸ばさない」と決めることもできる。それを決められるのは他でもない自分だけだ。

どういう状況なら働いていて幸せなのか、考えてみるといいだろう。勤務時間や休日が規則正しいことを幸せに感じる人もいれば、深夜の勤務でも、好きな場所で働けることを幸せに感じる私のような人もいる。自分の気持ちと正直に向き合ってみることが第一だ。給料はその対価に過ぎないのだから。

勤務条件や職種もとても重要なことだけれど、「自分の人生」という一番大切で一番大きな尺度で、「仕事」について考えてみてほしい。自分の中に「人生の軸」があれば、迷ったときにそこに照らし合わせることで、判断がつきやすくなるのではないだろうか。今、目の前の仕事がつらいなと思っても、それは実は大きな問題ではなかったと見えてくるかもしれないし、やっぱりこれは新しい道を選ぶほうがいいな、と腑に落ちるかもしれない。

自分の人生における「成功」とは何か、を考えておく

自分の人生について考えるとき、夢や目標の他に、自分の思い描く「成功」とはどういうことなのか考えておくのもいい。仕事をしていると、営業成績や給料だとか、昇進したとか独立したとか、人と比べることで感じる「成功」にたくさん出会う。けれど、自分の人生の夢や目標と照らし合わせたとき、果たしてそれが「成功」なのか一度見つめ直してもいいのではないだろうか。人生が充実して満足感を得られるとき、

必ずしもそれらの成功が付随しているとは限らない。自分の心が穏やかでいられて、楽しく人生を生きているなと感じられるならば、誰かと競争する必要もなければ、誰かと比べて自分がダメだと落ち込む必要もない。給料アップや昇進を目指す場合も、自分の人生の夢や目標の実現へのステップとして行動していると思うだけで、心がぶれずに仕事に励むことができる。

どんな道を選ぶか考えるときに土台になるのは、最終的に「自分の人生」しかない。今の会社（仕事）にとどまって、新しい喜びややりがいを見つけるのも人生、これまでと違う場所に進むのもまた人生。けれど、「自分がどんな人生を歩みたいか」という根っこの部分がしっかりしていないと、どちらを選んでも、また無闇に別の道のことを頭に浮かべたりして、同じことの繰り返しになってしまう。

振り返れば、結果によって私たちは後悔もするし、正しい道を選択したと思えたりもする。何かを選択した後、それが間違いでなかったと思いたいからこそ、我慢できたり踏ん張れたりするということもあるだろう。

「石の上にも三年」という言葉があり、せっかく入社した会社なら三年くらいは頑張って勤めてみないとよく分からないよ、という言われ方をすることも多い。確かに、拙速に自分の生きる道を変えることにはリスクも伴う。あのとき、もう少し我慢して頑張っていたら今のような生活にはならなかったかも――なんて、後悔をすることがあるかもしれない。しかし、一般的な「早い・遅い」は自分の人生には全く関係のないことだ。三年の人がいれば五年の人もいる、私のように十五年の人もいるのだから。

人生における最大の決断は、
自分の生き方に忠実になって選択するもの。

4

あきらめないことでやりたい仕事や夢に近付く

自分の人生に夢や目標を持ち、働きながらそれを追い続けてほしい、ということを自分の経験を元にここまで話してきた。そうは言っても、実は、なかなかそれが難しいのだ。第一に、まずは生活を成り立たせなくてはいけない。毎日の仕事は忙しく、体は疲れて、気持ちはしぼむ。夢のために、転職しようと思ってもなかなか上手くいかないことだってある。

私は28歳でディズニーの世界に憧れ、そこで働きたいという夢を持ち、5回の採用試験を経て、31歳でようやくその夢を実現することができた。ディズニーに出会いディズニーに入社するまでの三年間の日々を、この章では話そうと思う。私のこの凸凹の日々が、今いる場所から一歩進みたいと思っている方の背中を押すきっかけになれば嬉しい。

小さな「転換点」の積み重ねで人生は少しずつ動き出す

ここまで読んできた人には、私がとても運がよくポジティブな人物に見えるかもしれない。しかし、私だって始めからこんな風に仕事や人生について考えることができたわけではもちろんなかった。運も縁もない、普通の社会人だった。しかし、真面目に働いたり、好きなものを見つけたり、尊敬できる人に出会ったり――小さな転換点をいくつも経て、私の人生は夢のある方へと少しずつ向きを変えていったのだ。

高校三年の冬、3校受けた大学受験は全滅だった。田舎を出たい一心で、都内の予備校に通って浪人することを決めた。翌年には何とか大学生になったが、留年して五年も通った。何か学びたいことがあって入学したわけでもなく、将来どんな仕事に就きたいかなんてことも、明確には考えていなかった。

海外に漠然とした憧れを持っていた私は、大学卒業後、海外支店を持つ紙専門の商社に入社し、営業部に配属された。入社二年目の冬、同期だった彼女と結婚することになり、新婚旅行先をアメリカ西海岸に決めた。サンフランシスコからロサンゼルス、帰りはハワイに寄るという欲張りなツアーだ。当時、ロサンゼルスと言えば、ディズニーランドはお決まりのコース。このツアーがその後の自分の人生の重要な転換点になるとは思ってもいなかった。

飛行機に乗るのも初めてだった私は、もちろん海外旅行も初めて。すべてが眩かった。サンフランシスコで坂の街並みを見たり、ケーブルカーに乗ったり、フィッシャーマンズワーフでの食事を楽しんだりして、最後はお決まりの金門橋を見学。サンフランシスコは霧深い街と聞いていたが、そのときの突き抜けるような青空は今でも鮮明に記憶に残っている。いよいよお待ちかねのロサンゼルス。着いた次の日、早速、ディズニーランドのツアーに参加することになり、子どもみたいにワクワクして夜は眠れなかった。

写真やテレビでしか知らなかったディズニーランドには人々の笑顔があふれていた。何より、見るものすべてが日本の遊園地とは違っていた。最初に体験したアトラクションは「カリブの海賊」。スケールの大きさと奥行きの深さに圧倒された。今ではそれほど大人気というわけではない「魅惑のチキルーム」や「カントリーベア・ジャンボリー」も底抜けに陽気で、私にとっては夢のアトラクションだった。とにかくファンタジックなのだ。パレードも楽しく、フロートの色合いもその数も半端じゃなかった。

そして、何より、園内が綺麗だったことが印象に残っている。

心揺さぶられるものに出会ったら手を伸ばそう

社会人になって四年目のある日、私は日経新聞であるビッグニュースを見つけた。「オリエンタルランド社がウォルト・ディズニー・カンパニーと契約、日本にディズニーランド誕生!」

あのディズニーランドが日本に誕生するなんて。しかも、1983年4月と開園予定日まで明記されている。本当なんだ!

運営会社と紹介されているオリエンタルランド社なんて初耳の会社だし、建設地は浦安と書いてあるが、一体どのあたりに建設されるというのだろうか。既に候補地は決まっているに違いないと思い、持ち前の好奇心が頭をもたげる。とりあえず行ってみようと思い立ち、車で出かけた。浦安の埋め立て地に行ったのだが、目当ての土地らしきものは皆目見つけることができなかった。アメリカのディズニーランドと比べて日本のものは規模が小さいだろうと勝手に思いつつも、ディズニーランドが収まるほどの土地は見当たらなかった。

後で分かったのだが、私が見に行ったのは今の新浦安駅のあたりで、京葉線にあたる高架線が真ん中に敷設されていたのだ。ディズニーランド建設に合わせてか、既に交通などインフラの整備が着々と進められていた。建設の音が力強く周囲に木霊する中、ディズニーランドの影も見つけられなかった私はぼんやりと立ち尽くしたのだった。

今にして思えばこんな前のめりの行動や勘違いは滑稽な話なのだが、その後も2、3回浦安に様子を見に行った。そのうちに今のディズニーリゾートがあるあたりが建設地だとようやく分かり、それだけで一人興奮したのだった。

日本にディズニーランドができる、というビッグニュースがあってから、妙に自分の心に落ち着きがなくなった。どうしてもディズニーランドが気になって仕方がない。

そんなある日、新聞で待望の社員募集広告を発見した。ミッキーマウスのイラストとともに「〝夢のある仕事がしたい〟と思いませんか。」の文字。

心が揺さぶられた。ディズニーで働きたい。

新婚旅行で行ったディズニーランドが目に浮かんだ。見たこともないようなワクワクする世界。人々はみんな笑顔でキラキラしていて、とても幸せそうだった。あんな風に人を幸せにする仕事がしたい、夢のある仕事がしたい。

募集広告を見ているうちに、どんどんと胸は高鳴り、気付けば私は履歴書を買いに走っていた。字を書くのは苦手だけれど、できる限りの丁寧な文字で履歴書を書いた。学歴や職歴が選考の最大のポイントなのだろうと頭では分かっていながらも、この私のディズニーに対する熱い気持ちをどうにか伝えられないかと、限られたスペースを一生懸命に埋め、書きあげた履歴書をポストに投函した。

そして、悩んだ末にバカバカしい行動に出た。オリエンタルランド社に入社が決まったわけでもないのに、勤めていた商社に辞表を出してしまったのだ。妻にそのことを話したらびっくり仰天、言葉にならない。だが、私は決め台詞のようにこう言った。

「大丈夫、絶対にこのディズニーランドのプロジェクトに入れるし、将来、どうなろうとも食べてはいける。身体だけ丈夫なら、なんでもできる。心配するな！」

こうして、人生最大のチャレンジが始まった。ここからが苦闘の三年間になるとも知らずに。

そのときの自分ができることを考え行動に移してみる

退職した私は、ディズニーランドで働くことを前提として（まだ採用されていないのに）、そのための準備に日々を費やした。募集広告には「英会話の素養のある方」と書かれていた。想像するに、おそらく、アメリカのウォルト・ディズニー社との会議も多く開かれるに違いないし、アメリカへ出張に行くことも多いのだろう。となると、今の自分の英語力でははなはだ心許ない。そこで、入社してからのことを考え、英会話学校に通うことにした。

英会話を学びながら、次に自分がすべきことを考えた。

ディズニーテーマパーク世界初進出への期待は相当高い。それだけにこのプロジェクトに参加したい人は日本中にたくさんいるはずだ。そして、それらの人たちはおそらくそれぞれのジャンルのプロだろう。マーチャンダイズ、フード、アトラクション、エンターテインメント、広報……その他さまざまな業務があるだろうが、私のこれまでのキャリアの中では何一つ当てはまるものがない。「ただ参加したい」というだけでは、当然難しいに違いない。そこで、自分の情熱、ディズニーにかける想い、これを何とか分かってもらうことが第一にやるべきことだと思った。

さらに、日本のオリエンタルランド社に掛け合うより、もっと強烈なコネクションを持つ必要があると考えた。そうだ、アメリカのウォルト・ディズニー社肝入りの人材として、日本のオリエンタルランド社に本社から紹介してもらおう！　そこで矛先をアメリカのウォルト・ディズニー社へ向け、直談判をすることにした。ウォルト・ディズニー社のトップ、つまりCEO宛に手紙を出すことにしよう。これしかない！　これが今の自分にできる最良のことだと思った。

人生において大事なのは、

そのとき自分ができうる最良のことを考えて実行すること。
すぐに結果が出なくても、必ず道は開ける。

アメリカのウォルト・ディズニー社に手紙を出すことを決意したものの、そもそも私は海外に手紙を出す方法を正確には知らなかったので、書店で英語の手紙の書き方を説明している本を買って勉強した。しかし次なる問題にぶつかる。そんな大事な手紙なのだから、もちろん綺麗な文字で出すのが礼儀だと思ったのだが、私は日本語の文字も英語の文字も、その美しさには全く自信がない。そこで、それまで触れたこともない英文タイプライターなるものを購入。下書きをした英文をぎこちない打ち方で一文字ずつ打っていった。宛先は本で調べた。カリフォルニア州アナハイムの本社、カードン・ウォーカー宛だ。

手紙を書いてはみたものの、内容よりも文法的に体を成しているかが気になってしょうがない。通じない英語では、相手が読む気にもならないだろう。教養のなさがバレるだけだ。そこで、通っていた英会話学校の先生に添削してもらうことにした。先生は快く話を聞いてくれ、書いてきた手紙に目を通してくれるという。翌週、先生は、まずは私の英語を褒めてくれた。とても嬉しかった。何よりも手紙には私の強い想いが感じられるというのだ。人は褒められると嬉しいもので、大げさでもなんでもなく未来がとっても明るく思えてしまうものらしい。けれど、戻された手紙を見てびっくり。褒めてくれたのとは裏腹にかなりのボリュームの添削だった。赤ペンで書かれた文字がびっしりと紙面を埋めていたのだ。

とにもかくにも手紙は完成した。そのときの手紙から一部分を抜粋して、次のページで紹介しよう。

806, 4-3-1,Takasu
Chibashi, Japan Aug,4,1979

President E.C.Walker
Walt Disney Productions CO.
Calif. Anaheim harbor Blvd.1313
U.S.A.

....

Dear President E.C .Walker
I wish to take liberty of writing to you.

....

Last week I happened to find a "STAFF WANTED" advertisement
by ORIENTAL LAND Co. in a newspaper. ORIENTAL LAND Co. made a contract with your company last May to construct TOKYO DISNEYLAND.

....

Since I have been searching for a job that is suitable for me, I decided I should participate in this big project.

....

I have been to DISNEYLAND in the United States, and have spent a nice day there.
Can I forget such a dreamy day? No, I was happy.

....

Anyway, I would like to work for Walt Disney, children , and adults.

....

I will make out the most beautiful amusement park in the world.
Nobody can scatter dusts in there.

親愛なる ウォーカー殿
お手紙を差し上げることをお許し下さい。

……………………………………………………

先週、新聞でオリエンタルランド社のスタッフ募集の広告を見つけました。オリエンタルランド社は、去る5月に
東京ディズニーランド建設の契約を結びました。

……………………………………………………

私は、かねてより自分にとって相応しい仕事を探していました。
そこで、このビッグプロジェクトに参加することを決意しました。

……………………………………………………

私はアメリカのディズニーランドに行ったことがあり、
そこで素晴らしい体験をしました。
夢のような一日を忘れることができましょうか。
そんなことできません。私はとってもハッピーだったのですから。

……………………………………………………

私はウォルト・ディズニーや、子どもから大人まで、みんなのために働きたいのです。

……………………………………………………

世界で一番美しいパークを作ります。
そこでは、誰もごみを捨てたりはしないでしょう。

なぜディズニーランドプロジェクトに参加したいのか――ビジネスマンから学生まで、子どもからお年寄りまですべての人に夢と希望を届けたいのだと、熱く語った。想いを存分に綴った後、私は新婚旅行で感動した美しいパークを想像しながら、誰もごみを捨てたりしない、世界で一番美しいパークにしてみせると、締めくくった。この最後の文章が、後々、東京ディズニーランドでの仕事に大きな意味を持つとは、当時は予想だにしなかったけれど。

そんな風に退職してからの日々を過ごしていた。もちろん、ウォルト・ディズニー社に出した手紙の返事がすぐに来るわけもない。

応募の締切を過ぎてから数日が経ったある日。オリエンタルランド社から、なんと速達が届いた。これって期待が持てる。だって、速達なんだから。ワクワクしながら封を切った。

「誠に残念ながら、今回は貴殿のご希望に沿えませんでした。」

といった信じられない文章が、短めに記されていた。私は急に全身から力が抜けていくのが分かった。

運命とは、努力してきた自分が引き寄せるもの

アメリカのウォルト・ディズニー社のCEOに宛てて送った手紙だが、案の定というべきか、手紙での返事は来なかった。多くのファンからたくさんの手紙が届いているはずだし、その中の一通として保管庫の中に眠っているのだと思った。日本の見ず知らずの無名の青年からの手紙なんて、目に留まるはずもないのだ。

最初に勤めた商社を退社してからまもなく、妻の母親が入院することになった。妻も私も何日間か通うことになり、日中に家を留守にする日が続いた。病状が安定し、四日後、ようやく日中に家に戻った。

リーン、とけたたましく電話のベルが鳴り、受話器を取った。

「オリエンタルランド社の人事部のものです。鎌田さんでしょうか。実はアメリカのディズニー社のVIPがあなたと連絡を取りたいとのことで、何度かコンタクトを試みたのだそうです。ところが留守だったみたいで、本日の電話になってしまいました。

実は、彼は今日、アメリカに発つ予定なのですが、もしかしたらホテルにまだ滞在中かもしれませんので、あなたから直接電話してみてください。ホテルの電話番号と彼の名前を伝えます。」

えぇ！　留守の間にそんなことがあったとは！

私の手紙が彼らの目に留まって、しかもその手紙を持って私に会いたいという！

急いでホテルに電話を入れた。

「あ、〇〇様ですね、今しがた、ホテルを出て成田に向かわれました。」

運とはなんと気まぐれなのだろう。妻の母の入院と人生最大のチャンスが重なるなんて。この運の巡り合わせは一体どういうことなのか！

しかし、一番つらかったのは、ことの行方を見守っていた妻かもしれなかった。つながりかけた縁の糸は、このときに一旦切れてしまったように感じられ、意気消沈してしまった私は、その後、ウォルト・ディズニー社のそのＶＩＰと連絡を取ってみようという気持ちはおこらず、あえて探すことはしなかった。

人は、人生の中で何度か運のなさを痛感するときがある。

それはそれで受け入れることしかできない。
自分の力ではどうにもならないこともある。
しかし、人生を放棄することさえしなければ、
必ずまた良運が来る。そう信じることだ。

夢を持ち続けるためにも、生活を成り立たせる

前職を離れてから三ヶ月が過ぎようとしていた。会社を辞めてまで臨んだ私のチャレンジは、書類選考落ちという結果……そう、見事に失敗に終わった。さてこれからどうしようか。収入がないのだ。妻が私たちの住んでいる街の小さな医院で、受付兼医療事務のアルバイトをしてくれることになった。

一方の私はというと、ある日、とある住宅メーカーの社員募集の広告をたまたま見つけた。大手の住宅メーカーで、当時の本社は大阪にあったが、東日本支社採用の広告だったので、とりあえずは地元に就職できるのではないかと思った。大きな声では

言えないが、ディズニープロジェクトに参加できるチャンスを掴むまでのつなぎの仕事として考えていたのだ。しかし上場企業でもあり、しかも正規の社員としての募集なのだから、おそらく選考のハードルも高いと想像できる。この会社宛に、人生で二度目の勝負手紙を書いた（ウォルト・ディズニー社のCEO宛に書いて以来だ）。宛先は関東支社、人事部採用係。正直にディズニーランドの入社試験に落ちたことも含めた仕事のキャリアについて、そして一番大事な志望動機について書いた。家を建てることも夢の実現、その中でそれぞれの家族がドラマを作っていく、そのお手伝いに貢献したい……。そして面接の日を迎えたが、思いのほかあっさり終了。数日後に合格の手紙をもらい、勤務地も決まった。

「千葉営業所、千葉総合展示場店　営業職を命ずる。」

住んでいた公団住宅からすごく近かったことに、とりあえずはホッとした。

チャレンジを続けながらタイミングを待つ

住宅メーカーでは素晴らしい仲間に恵まれ、トップセールスとしての成果を出し、充実した毎日を送っていた。しかし、私はディズニーへの夢をあきらめてはいなかった。最初のオリエンタルランド社の入社試験での失敗にもめげず、その熱い想いは萎むことはなかった。住宅メーカーで働いている間もディズニーへのチャレンジは続けていたのだった。

1回目の募集から一年三ヶ月後、また社員募集の広告が新聞に掲載された。かつて、私に会いたいと言ってくれたウォルト・ディズニー社のVIPと会えなかった——そんな運のなさを思い知らされていたが、懲りずに履歴書の空欄を埋めている私がいた。人は何かにとりつかれてしまうと何も見えなくなってしまう。ディズニーランドで働く以外の道もあるだろうに。ましてや今勤めている住宅メーカーではトップセールスの成績も維持しているし、そのまま住宅メーカーの仕事に就いていれば気楽なはずなのだ。あきらめたらいいのに……。でも、ディズニーの世界への想いは募るのだ。ディズニーランドの運営においてはマーチャンダイズやレストラン運営、エンターテインメントなどその道のプロがほしかったに違いない。サービス業のキャリアのない私は、彼らのニーズを満たす人材でないだろうとぼんやり分かっていた。それでも、あきらめられなかった。

案の定というべきか、2回目の応募も当然ながら書類選考で落とされ、夢は脆くも砕かれてしまった。それでも密かに希望は持っていた。いずれ、より現場に近い仕事があるはずで、その時点ではサービスのキャリアはそんなに必要とはされないはずだと。そのときまでチャレンジを続けていれば、チャンスは来るはずなのだと強く思っていた。ディズニーへの思いは募るばかり。浦安の建築現場に近い堤防から、建設の音をワクワクしながら聞き、さらには住んでいた稲毛海岸から、双眼鏡で遠くのディズニーランドの建設の様子を眺めていたりもした。

あきらめないために、自分でチャンスを摑みにいく

このままでは同じことの繰り返しで埒があかない。このままあきらめざるを得ないのか。人はどんなに思い込んでも実現できない夢もあるのではないかと思い始めていた。きっと神様が、お前にはその道はふさわしくないのだと教えているのだろうとさ

え思った。しかし、そんな風に徐々に自分が弱気になっていることに気が付いた。果たしてこれであきらめてしまって悔いはないのか！　人はあきらめるときは決まってその理由を探して自分を納得させるものなのだ。

よし！　私はある決意を胸に、妻に切り出した。

「アメリカに行きたいんだ。ディズニーランドに行って直談判したい。俺の情熱を分かってもらうために。このままじゃいつまで経っても駄目だと思う。正月休みを利用してパックツアーで行くしかないから、高そうなんだけど、いいかな？」

「あら、そう。行って来たら。それで気が済むんだったらお安いものよ。母の入院でチャンスを逃してしまったこともあるし。その埋め合わせになんてならないかもしれないけど。大丈夫、お金は用意するよ。」

こうして、私は住宅メーカーに勤めて二年目の冬、正月料金のバカ高いツアーに参加し、カリフォルニアへ向かった。オプショナルツアーは毎日（五日間）ディズニーランドに申し込んだ。

初日は同じツアーに申し込んだ人たちでバスは満席だった。四年ぶりぐらいのディズニーランドは相変わらずの賑わいと人々の笑顔であふれていた。

私は一通の手紙をバッグに忍ばせていた。いつでもチャンスがあればキャストに渡せるように。もちろん英語で、今回ばかりは自分の力で書いてみた。内容は日本でのディズニーランドプロジェクトに参加したいという、相も変わらずの押しの一手の熱い内容だったように思う。人によってはあまり熱すぎるのは嫌がる人もいるのだということも後々分かるようになるのだが、若かった私はその思いを伝えることしか考えられなかった。このときは押しの一手しか取る道はなかった。そう信じてやるしかなかった。

二日目もディズニーランド行きのオプショナルツアーを申し込んだ。二日目ともなると、参加者は10人を少し超える程度で、移動は大型バスではなくマイクロバスとなった。一日目、二日目ともに、私は単にパークを歩き回るだけだった。もちろん、適当にアトラクションやらショーを楽しんではいたのだが、気はそぞろだ。かといって、なかなかアクションも起こせない。きっかけを作るには勇気がいる。

三日目もやはりマイクロバスでディズニーランドに向かった。添乗員さんが不思議そうに話しかけてきた。

「ディズニーランドが好きなんですね〜！　今日で三日目ですよね。」

「え、まぁ〜、楽しいですからね。」

もはや愛想笑いで返すしかない。その日もキャストに話しかけるチャンスがなかった。というより、チャンスを作らなかった、という方が正しいのかもしれない。人間は弱気になると悪い方向に考えてしまうもので、この作戦は失敗に終わってしまうかもしれない、話しかけたキャストからつれない言葉が返ってくるかもしれない、「Oh! Sorry, I can't help you」なんて……と、心の中でビクビクしていたのだ。わざわざ正月休みの高いツアーに申し込んでここまでやって来たのに、徒労に終わって帰るなんて、帰りの飛行機はつらくてつらくてどうすることもできないし、快く送り出してくれた妻に一体何と説明すればいいのだ。

そして四日目、ついにディズニーランド行きのオプショナルツアーは私一人となり、送迎車は添乗員さんのセダンとなってしまった。そのツアー会社はありがたいことにとうとうオプショナルツアーの値段を下げることまでしてくれた。それでも相も変わらずキャストに話しかけることに躊躇している自分がいた。

(どうしたんだ！　もう、何もしないままで日本に帰るのか！)

心の中で叫んでいる自分がいるのだけれど、どうにもならないのだ。

そして五日目——最終日がとうとう来てしまった。その日は確か日曜日だった。とりわけその日は朝から暑く、その気温のせいでなんだか余計に疲れが増したように思った。午前中いっぱいブラブラとパークをただ歩き続ける。あまり食欲もない。アメリカのディズニーランドは、アメリカ河やトムソーヤ島が結構広い造りになっていて、暑い日は川面を渡る風が心地良い。そこで、筏に乗ってトムソーヤ島に渡ることにした。

当時、私はヘビースモーカーで煙草を1時間も手放すことはなかった。煙草を吸いながらくねくねした細い道を歩いていた。短くなった煙草をどこかに捨てなくてはならないのだが、灰皿を探しても見当たらない。かといって、ごみ一つないところに捨てるのは気が引けるものだ。道の向こうからカストーディアルキャストが歩いてきた。優しい目が印象的な白髪の初老のキャストだ。

「すみません、煙草を捨てたいのですが……」

「下に捨てて、構わないよ！」

え？　と一瞬迷ったが、言われたままに煙草を下に落とした。彼は素早くどでかい革靴で煙草の火を踏み消し、サーッと手際よく箒を使って塵取りに入れたのだった。

その見事なパフォーマンスは、年齢を感じさせないほどスマートなものだった。彼と目と目が合った。私は思わずバッグから手紙を取り出していた。

「私は日本から来ました。実は東京ディズニーランドプロジェクトに参加したいと思っているものです。この手紙を読んでいただけませんか？」

彼は怪訝そうに私の方を見ながらもその手紙を受け取り、読んでくれた。困惑した彼の顔が今でも目に浮かぶ。

「私では分からないが、日本人をトレーニングしている筏のトレーナーキャストを紹介するよ。」

運命とは実は自分が作り出すもので、

偶然に与えられるものではない。

自分の強い意志が自分の道を切り拓くのだ。

彼はレシーバーでそのトレーナーと話をし、その後トレーナーのいる所へ案内してくれた。この運命のカストーディアルキャストの名前はDutchといった。彼の名前を忘れることはできない。後にオリエンタルランド社に入社してから何度かアメリカに出張に行ったが、このエピソードをアメリカのスタッフに話すと、彼のことを知っていて驚いたものだ。

筏のトレーナーはオフィスに電話をしてくれた。すると、なんと運がいいことに、オリエンタルランド社から研修に来ている幹部スタッフが、日曜日にもかかわらず、たまたま出社しているとのこと。その幹部スタッフが私に会いに来てくれるというのだ！　なんという幸運なのだろう！　確かに一度、大きなチャンスを逃したこともあった。その埋め合わせをするがごとくに今度はアメリカツアーの最終日にこんなチャンスが訪れるとは！

人生には必ず凹凸があって、凹むときもあれば運が向いて凸になるときもある。振り返れば上手い具合に重なり合って平らになるものだ。
大事なのは凹んだときにどのように対応するかだ。
自暴自棄になるのか、七転び八起きの精神でまた頑張れるかによってその後の道は分かれる。

日本から来ていた幹部スタッフとアメリカ河の畔で待ち合わせをすることになった。彼は軽く手を上げて、まるで昔からの友達のような親しみやすい笑顔で現れた。ディズニーに入社する人は明るくて愛想がよくて、笑顔が素敵な人でないとダメなんだと思った。私が一通り話をすると、彼はこう言った。

「すごいね。そこまでしてディズニーランドプロジェクトに参加したいんだ。え、もう2回も受験しているの！　いや、君の情熱だったら絶対大丈夫だよ！　僕の方から人事部の方に連絡を入れておくから日本に帰ったら本社と連絡をとってみたら。」

やった！

やはり、行動することだ。駄目だと思ってもやってみることが大切なんだ。

心を弾ませながら帰途についた。飛行機の中では、嬉しくてなかなか寝付けなかった。人間は悲しくても悔しくても眠れないものだが、嬉しくて眠れないことがあるということを初めてこのとき理解できたほどだ。日本に帰って、妻に嬉しい報告をした。

しかし、彼女は意外と冷静だった。有頂天の私を見ながら、

「問題はこれからね。別に入社できたわけじゃないし。ま、頑張りなさいよ。」

なんなんだ、この冷静さは。嬉しくないのか！　もっと笑顔で「やったー！」と万歳でもしてくれるだろうと期待していたのに。

どん底にいるときは、徹底的に凹んでみる

早速、オリエンタルランド社に連絡を入れた。既に連絡が入っていたようでスムーズに事は運んだ。約束の日時を決めて日本橋にある本社に出かけることになったのだ。日本橋の本社に着いて受付の電話機を見て驚いた。いや、感動した。だって、ミッキーマウスの電話機なんだ。もう、ここはディズニーの世界になっているではないか！この仲間に入れるなんて夢みたいなことだ！

そして応接室に案内された。ソファーに腰掛けるもなかなか落ち着かない。すぐにドアがノックされ、二人の男性が現れて名刺を渡された。人事課長と人事課長代理だったと記憶している。それにしてもアメリカで会った幹部の人と違って重苦しい顔をしている。笑顔もない。やはり、本社の人はエリートの中のエリートなんだ。明るく

親しみやすいだけではダメなんだなと一人で納得していた。そして、課長代理が沈痛な表情で話し始めた。

「鎌田さん、わざわざお越し下さり、ありがとうございました。アメリカに行っていたスタッフからあなたの話を聞きました。二度もお断りしてしまい、すみません。あなたのその情熱には頭が下がります。実は、当社も建設費用が思いのほか掛かってしまっており、余裕がない状況なのです。あなたの希望に沿いたいのは山々なのですが、そういう状況の中で人を採用する際には、どうしても専門的知識を有している人を優先せざるを得ないのです。本当に申し訳ないのですが、今回、せっかくアメリカにまで行って頂いたのにお断りをしなければなりません。」

頭が真っ白になるというのはこういうことなのか。

なんにも考えられないまま、会社を後にした。人生山あり、谷ありとは言うけれど、ディズニーに関しては谷だらけじゃないか。稲毛海岸の砂浜に寄り、どこにもぶつけられない気持ちを大声で叫び、とにかく吐き出すだけ吐き出した。アメリカから帰って来て有頂天になっていた自分に対して、冷静だった妻の顔が浮かんだ。この顚末を予想していたのか、と思いながら。

人間は凹むときには徹底的に凹んだ方がいい。
平気を装って、気持ちを中途半端なままにしてはいけない。
どん底になれば、それ以上凹むことはないのだから。
我慢せずに、落ち込もう！

新しいパワーは、想像の翼を広げることで生まれる

その後、それでも住宅メーカーの営業はそつなくこなしていた。必ず、月に1棟の売り上げだけは確保していた。仲間は私が会社の外でこんな状況になっていようとは知るよしもなかった。ディズニーランドプロジェクトに参加したい想いをずっと持ち続けているなんてことは、会社の誰にも言っていなかった。当時はまだディズニーランドについて知っている人はほとんどいなくて、皆、単なる遊園地ぐらいにしか思っていなかったのだ。

着々と建設は進んでいった。稲毛海岸からでも天気のいい日には双眼鏡で工事の進捗状況を知ることができた。忘れようとしても、ついついそうした建設の状況をチェックしてしまったり、ふとメディアで取り上げられたニュースを見てしまったりすると、なぜかまた想いが込み上げてくるのだった。しかも、開園に向けてのキャラバンが日本中で開催され始めていた。ミッキーやドナルドダックなどのキャラクターが愛嬌を振りまいている姿を見ると、熱いものが込み上げる。あんなに凹まされたのに、なぜか益々恋い焦がれるのだ。不思議なものだ。

しばらくすると、東京ディズニーランドの完成イラストマップがいろいろなメディアで発表になった。その一つのイラストマップを手元において自分なりにイメージを描いてみた。想像の翼を広げていると、人々の嬉しそうな顔や笑顔で楽しそうにパークを歩いている姿を思い浮かべることができた。一つ一つの建物が現実にあるように目に浮かぶのだ。

特に何の変哲もないアドベンチャーランドの南国情緒あふれるカラフルな屋根の色が私の心を躍らせ、楽しい気持ちにしてくれる。ジャングルクルーズの動物たちはアメリカと同じなのだろうか？　ウエスタンランドのアメリカ河に浮かぶ蒸気船マークトウェイン号、ファンタジーランドのイッツ・ア・スモールワールド、そしてトゥモローランドのスペース・マウンテンなど……。新婚旅行で行ったときのあの情景と重なってくるのだった。
なんだかディズニーの世界には「本物」があるように思えた。自分自身が純粋な思いでいられることに気が付き、またチャレンジする気力が湧いてきたのだった。

夢を抱き、それを現実のものにしようとすると、
必ず障害が現れて夢を遥か彼方に追いやろうとする。
そのときには想像の翼を広げてみるといい。
きっとまた新しいエネルギーが湧いてくるはずだ。

押しの一手ばかりでは空回りすることもある

やがて新聞に掲載された3回目の採用告知では、より現場に近い仕事に就く人材を募集していた。幹部職というよりは現場のリーダー的な人材募集だったように思う。アメリカへ渡った私の情熱に応えてくれたのか、今回は初めて面接日の知らせの封書が届いた！　嬉しかった。すごく嬉しかった。そして、心に決めた。

「このチャンスを逃したらあきらめる。」

あのとき会った人事課長さんが私にせめてものチャンスをくれたのだと思った。

面接の日、期待に胸を膨らませて面接会場に向かった。しかし、その面接室に入って一気に頭の中が沸騰してしまった。面接官が10人以上もいて、しかも、皆どうにもこうにも冴えない顔をしている。これは完全に疲れているなと思った。どれだけの人数を朝から面接しているのだろうか。

あまり質問の内容は覚えていない。型通りのものだったように思う。あんな短時間で人柄を看破するなんてできやしないだろう。私の受け答えはギラギラの押しの一手でツッパリ、ツッパリの連続だったなと今にして思う。だって、これまでの経過からすれば願ってもないチャンスなのだ。自分の情熱とやる気を直接話して分かってもらえるのだから。どうもその面接官たちは私のこれまでのチャンレジの経過を知っていたように思う。2回目のチャレンジの後、アメリカに渡ったことも知っていたに違いない。さらに、人事部長宛に「東京ディズニーランドの課題と対策」みたいな稚拙な論文を送っていた。そのことも知っていたに違いない。涙ぐましい努力をしたものだ。何とか私なりの情熱を分かってもらおうと、観光白書やら将来の交通計画などを元に、未来像を論文調にまとめた。国会図書館まで行って資料を集めたのだ。世界のレジャー施設の勉強をし、都市計画道路や鉄道の計画まで緻密に調査したのだった。

数日後、残念なお知らせが届いた。

あまりに一方的に自分の想いを伝えても相手を変えることはできない。自分のアピールばかりを考えても駄目。情熱が空回りしてしまう。熱くなっているときこそ、冷静さも必要なのだ。これは、後々自分が面接官になったときにようやく分かったことなのだけれど。

これで万事休す。面接まで行っても落ちるのだからこれはやはりトコトン縁がないのだ。少し吹っ切れたような気がした。

次の年の3月、また募集広告が新聞に掲載された。私はそれを恨めしげに眺めた。もうチャレンジしても意味はないだろう。きっと、ディズニーは私の手の届かない遠いところにあるのだ。でも、心の奥底でささやく声がした。どうせなら、ダメ元で履歴書だけでも送ってみれば、と。

私は4回目の履歴書を送った。これは妻にも内緒だった。さすがにあきらめの悪い男と呆れられ、三行半をつきつけられるかもしれないと思ったのだ。

そして、お決まりの残念なお知らせが速達で届けられた。やっぱりか……。そう思う気持ちもありながら、募集広告を見つけるとチャレンジせずにはいられない。本当にあきらめの悪い男だったのだ。

人に話すことで、頭と気持ちはリセットできる

ここまで来ると人間は観念をするものだ。これまで、会社の人間にはディズニーの話は一切してこなかった。けれど、とうとう私は仲のいい同僚に本当のことを話した。これまでの経緯をすべて。後ろめたい気持ちで仕事をしていたこと。だから余計に売り上げには神経を使ったこと。後ろ指を指されて辞めるのは嫌だったこと。彼は実直でお互いになんでも話せる仲でもあったし、信頼できる人だった。彼は私のことを理

解してくれた。話を聞いてもらうことで、何か胸の中に詰まっていたものが一気に流れていき、頭がスッキリして心が軽やかになったのを覚えている。

初めて父にも相談した。それはそれで意義のあることで決して無駄ではないと言ってくれた。慰めにもなりはしなかったが、そんな風に言ってくれたことは少し嬉しかった。思いのほか、父の方が実は口惜しいと思っていたのかもしれなかった。

私は31歳を迎えようとしていた。28歳でディズニーに想いを持ってチャレンジして既に三年の歳月が経っていたのだ。

悔いが残るとすれば、チャレンジしないこと

なぜか4回目の募集が終わったすぐ後の5月にも、新聞広告にディズニーのスタッフ募集の広告が出た。また、「〝夢のある仕事がしたい〟と思いませんか。」という心揺さぶるようなフレーズとともにミッキーマウスが両手を広げている。おい、ミッキー、いつまで思わせぶりなセリフを吐くんだ！　いい加減にしなよ！　と思いながら

も履歴書にペンを走らせている自分にほとほと呆れる。5回目のチャレンジに向かおうとしていた。きっとまたダメに違いない、なんたって4回も落ちたんだ。しかも3回目は面接まで行っても落とされた。アメリカまで行って自分でチャンスを作った本社面談でさえも断られたじゃないか。いい加減にした方がいい! あきらめが悪いぞ! そんなことを自分に言い聞かせながらも、チャレンジしてしまう。だって、ここで応募しなかったら、絶対に悔いが残ると思ったのだ。

チャレンジしないよりは、チャレンジしたほうがずっといい。
たとえ失敗に終わっても。

これは、もしかして「企業ストーカー」とでも言うのだろうか。でも、さすがに今回が本当に最後だと思った。開園ももう翌年に近付いていていたし、いくらなんでも今回駄目だったら、縁がないものとあきらめよう。そう自分に言い聞かせた。

しかし、先方も懲りない。なぜだか知らないが書類選考を通過し、面接の知らせが来た。どうせ、今回も駄目だろうと思いながら、面接に向かった。前回と打って変わって面接官は広い会場にたった一人。年の頃は50は過ぎているであろう男性が鎮座していた。

「君は身体は丈夫かね？　なんで前の会社を辞めたのかね？　なんでディズニーランドに入りたいのかね？」

矢継ぎ早の質問に戸惑った。

「あ、はい。身体はいたって丈夫です。病気一つしたこともありません。前の会社とは喧嘩別れとか人間関係が原因で辞めたわけではないのです。今でも同期の連中とはいい関係でいます。もちろん上司とも。ただ、ディズニーの仕事は人々を楽しませる仕事ですし、何より人を喜ばせる仕事ですから、やりがいがあると思っています。」

「あ、そう、それじゃ今日のところはこれで。後日連絡が行くと思います。」

え？　おしまい？　なんだなんだ、このそっけない面接は！

完全にこれは最終通告だと思った。こんなに短い面接なんてあるもんか。これはきっと止めの面接なのだ。妻には今回も駄目だろうと話した。今回ばかりは妻も残念そうな表情をしていた。こんなにも嫌われる夫を忍びないと思ったのかもしれない。

それから三日後、いつもと同じ封筒で速達が届いた。開けるまでもなく予想はしていた、そう、残念なお知らせを。

「今般の面接の結果、内定となりました。ついては来る○日の○時に来社されたし。」

私は妻にその手紙を渡して、「内定もらったよ」とだけ言い、一目散に稲毛の浜に走って行った。なんだか知らないが、この三年間のことが走馬灯のように思い出されてきた。31歳のいい年をした大人が泣きじゃくっていた。

夢は突然に実現するものなのだ。あきらめさえしなければ。
多くの人はあきらめが早い。その方が苦痛から逃げられるから。
でも、あきらめなければチャンスは訪れる。
そのためにできることはすべて全力でやるべきなのだ。
たとえ結果がどうなろうとも。

家族は自分の夢のパートナー
応援してくれる人がいるから頑張れる

私はこうして三年かけて、「ディズニーランドで働きたい」「多くの人を幸せにしたい」という夢の入り口にようやく立つことができた。ここまで読んできた方は、私一人ではここまで邁進することができなかったことに、もう気付いているのではないだろうか。私がここまで踏ん張ることができたのは、家族——妻の存在が大きい。

勤めていた商社を辞め、1回目の採用試験で書類選考落ちした後、彼女は家計を支えるためにそれまでやったことのない医療事務のアルバイトに出てくれた。2回目の書類選考落ちの後、年末年始の高いパックツアーでアメリカのディズニーランドに(一人で!)行くことも了承してくれた。舞い上がる私に対して彼女はいつも冷静であり、それでいて、選考落ちして落ち込みつつ愛想笑いを浮かべる私より、つらそうな顔をしてくれたときもあった。

大げさに盛り上げたり発破をかけたりお節介を焼いたりするわけでもなく、早く現実を見ろとたしなめるわけでもなく、私がやることを横で見て小さく頷きながら伴走してくれていた。

何よりもありがたかったのは、私の夢を一度も否定しなかったことだ。

私の夢を否定せず見守ってくれている妻に苦しい思いはさせたくない、とこちらも思う。すると、夢を追いながらも家族を養っていくための手段も考えるようになる。

私の場合、それは住宅メーカーへの就職だった。仕事をして生計を立てることが、夢をあきらめない私が、彼女へ見せられる誠意だと考えたのだ。

家族ができたら夢をあきらめるべき、あるいは、夢を追うために家族を持つべきではないという考え方もあるかもしれない。しかし、私の経験から言えるのは、必ずどちらかが犠牲になると決まったわけではない、ということ。家族がいるからこそ夢を見られる、頑張れる、ということがある。

家族は自分の夢のパートナー。

人は一人ではへこたれてしまう。

そんなとき、隣で声を掛け、見守り、応援してくれる、

そんなパートナーがいるからこそ
夢を叶えるとき、夢を継続させていくときには、
家族が自分の最大のパワーの源にもなる。

夢を叶えてディズニーに入社した後、ナイトカストーディアルに配属されたときも頑張ろうと思えたのは、家族がいたからということもとても大きい。

妻や子どもだけでなく、親や兄弟、あるいは親友や恋人——自分の夢を応援してくれる大切な人がいてくれると、人は思っている以上の頑張りや踏ん張りを見せることができるのではないかと思う。ある友人が「私は親に誇れる息子でありたい。妻に誇れる夫でありたい。子どもに誇れる父親でありたい。友に誇れる友でありたい」と言っていたことを思い出す。

そして、ウォルトは次のように言っている。

「人は仕事のために、家族を犠牲にしてはならない。」

大切なのは家族、そして家族と過ごす自分の人生。そのために、仕事がある。家族をないがしろにして質のよい仕事はできない、というのだ。

自分がどんな人生を生きたいかと考えたとき、そこにはきっと大切な人が思い浮かぶだろう。その人と一緒に過ごす未来を犠牲にすることが、夢の実現への切符になるとは考えてほしくない。自分のありったけの希望を詰めた人生や夢を思い描き、その実現のために幸せに働く未来につなげていってほしい。

いつの頃からか、自分一人だけのために働く人が増えてきたように思う。例えば、「管理職になりたくない」「責任の無い仕事でいい」「生活に困らないだけの給料がもらえればいい」「残業や休日出勤はありえない。マイペースに働き、自分の時間を確保したい」と、とにかく自分の身を守ることが最優先で、仲間や会社のことはあまり考えずに、目の前の業務をこなしているような働き方だ。もちろん、自分を犠牲にして働くべきだ、と言うつもりは毛頭ない。けれど、果たして、この働き方で人生は豊かになり、幸せになれるのだろうか。

こうした働き方をしている（してきた）人は、「仕事」や「働くこと」の魅力に気付いていないだけなのだと思う。実は、今目の前にある仕事はとてもやりがいのあるものなのかもしれないし、一人で黙々とやっていてつまらないと思っていたけれど、仲間とともに取り組んだら、思いもよらない成果が出て楽しくなるかもしれないし、新しいやりがいが生まれるかもしれない。あるいは、自分が夢中になれる仕事を見つけられていないだけで、他にあるのかもしれない。――こんな「気付き」を掴み、それをきっかけに自分が持つ力を最大限に発揮してほしくて、仕事と向き合うヒントをここまで話してきたつもりだ。

それでは、この考え方を人生にあてはめるとどうなるだろうか。「誰かの面倒はみたくない」「家族や子どもに責任を持たずに暮らしたい」「自分が食べていくだけのお金があればいい（他の人に使うお金は無くていい）」「自分の時間を減らしたくない。誰かのために使いたくない」と、とにかく自分の楽しみや生活を守ることだけに囚われる生き方になってしまう。こうして生きていれば、つらいことや大変なこと、苦しいことはきっと少ないだろう。穏やかな人生と言えばそうなのかもしれない。

けれど、きっとこちらも「誰かと過ごす人生」「家族や仲間」の魅力に気付いていないだけなのだ。私にそれを気付かせてくれたのが、商社や住宅メーカーの上司や同僚、ディズニーで出会ったたくさんの仲間だ。どの仕事であっても、私は与えられた仕事には、まずは懸命に取り組むようにしてきたし、そのことだけは自分に自信と誇りを持ってやっていた。このように何か一つでも自分を認められる部分があると、顔を上げて周りにも目が向くようになる。周りにいる人のことを知り、信頼し、仲間としてともに過ごすことの喜びを感じられるようになる。こうして生きていると、同じ価値観で同じ方向を見てくれる人に自ずと巡り合い、そして、その人こそが夢のパートナーとなるのだ。

家族や仲間と一緒に何かを頑張ったり目指したり、励ましたり励まされたり、つらいときや楽しいときにともに過ごす充足感を得ることで、人生が少しずつ豊かになり、幸せを感じられるようになっていくのだ。

ここまで「運」についても語ってきた。ただの「運」は運任せの「運」。事の成り行きを天に任せ、どちらに転ぶかも分からないものだ。けれど、この本で伝えてきた「運も実力のうち」――この運は、「幸運」という名前を持っている。幸運は自分が望み、努力することで引き寄せられる可能性が大きい。人生の大きな幸運である「夢のパートナー」を手繰り寄せる糸は、常にあなたの手の中にあるのだということを忘れないでほしい。

価値観は人それぞれ
自分の生きたい未来は、自分で創る

ディズニーに入社したくて駆け抜けた三年間、他の人から見たら無駄な三年間に見えるかもしれない。だって、それは、それぞれの人生の価値観なのだから。けれど、私は自分の人生でディズニーにかけた時間は決して無駄ではなかったと胸を張って言える。時間は平等に私たちに与えられている。未来に与えられた時間はかなりのものだ。けれど、「光陰矢のごとし」という言葉通りに、あっという間に時間は過ぎ去っていく。この時間を無駄にしてはいけない。

最後までチャレンジし続けて、ナイトカストーディアルとして、ディズニーで働くという夢も実現できた。あのアメリカに出した手紙の中で、私は「世界で一番美しいパークを作ります。そこでは、誰もごみを捨てたりはしないでしょう」と書いた。今、どうだろうか。ディズニーランドはその通りになっているのではないか。パークの床にごみを捨てる人は誰もいない。

過去は変えられないが、未来は変えられる。

人は一人一人、自分のドラマを作ることができる。「自分の人生をどう生きるか」を胸に抱きながら、未来へのシナリオを描き、きっとその通りになると信じることから始めよう。そして、今の自分ができることから一つずつやることだ。未来はあなたの手の中にある。自分の人生のシナリオを作ろう。

未来は限りなく希望に満ちていて、多くの可能性が秘められている。
さまざまな障害があろうとも、
真摯に人生に向き合えば、何らかの形で必ず道は開ける。

幸せに働き、
夢を実現するための
ワークシート

自分の人生のシナリオを描くときに、
どんなことを考えたらいいのか、ポイントはいくつかある。
もし、自分の人生について迷っていたり、
夢や目標を探しているところであれば、
次のページからの質問に自分なりの答えを書いてみよう。
大切なのは「書き出してみる」ということだ。
心の中で思っているよりも、自分の気持ちが整理されてくる。
1から順番に書かなくても、一度に全部書かなくてもいい。
書きやすいところから、取りかかろう。

1 楽しいと思うときはどんなとき？

素直に思いつくまま書き出してみよう。
仕事に関係ないことでもいいし、いくつでも構わない。

2 今、興味あるものは何？

習慣や趣味になる手前のものでも、
気になるものがあれば書いてみよう。

3 得意なことは何？

些細なことで構わない。
得意だけどそんなに好きではないこともあるかもしれない。

4 一番ほしいものは何？

物でも、精神的なことでもいい。
自分がほしいものをシンプルに考えてみる。

5 憧れる人はどんな人？

知っている人を思い浮かべても、理想を思い浮かべてもいい。
具体的に特徴を書いてみよう。

6 自分にとっての成功とはどんなこと？

「成功」は人によってさまざま。具体的にイメージしてみよう。

7 自分の理想の人生とはどういうこと？

こうでありたいという自分の姿をイメージして、
色々な角度から考えてみること。

8 自分に夢があるとすれば、それはどんな夢？

周りの人に言えないことも、
まずはここに素直に書き出してみよう。

9 その夢を実現するために、今できることは何？

自分ができる具体的なアクションを書いてみよう。

夢を目指して努力するとき、あきらめそうになったときに
このワークシートを見直すと、初心にかえり励まされる。
また、まだ夢が見つかっていないという人は、
一年後に再度同じ設問について書いてみるといい。
去年の自分とは違う自分や、去年見えてこなかった進む方向を
見つけることができるかもしれない。
いずれにしても、最初に書いた通りに進まなくたっていい。
日々過ごしていく中で得た経験、出会った人たちなどによって、
進む道は常に変わっていくのだから。
幸せに働き、楽しく生きるためのヒントが見つかりますように。

おわりに

「最近の若者は……」なんてことは、間違っても言いたくない。私が若い頃に一番忌み嫌った言葉だからだ。いつの時代だって、未来を創ってきたのは若い力なのだから。けれど、もし、この本を読んでいる未来ある若いあなたが「仕事や人生なんて、思い通りにいくわけない」なんて、自分の人生をつまらなくしているのだったら、私は声を大にして言いたい。楽しくエキサイティングな未来は、誰かに与えられるものではないのだということを。

確かに、人生は上手くいかないことの連続だ。正しいと言い聞かされてきたことが突然ひっくり返ったり、信じていた人が急にいなくなったり裏切られたり、自分より努力をしていない人が運に恵まれていたりする。会社は新しいことに挑戦するやりがいを与えてもくれないし、給料も上げてくれない。

でも、ふと気付いたりもする。それって「自分」のことではなくて「周り」のことに過ぎないということに。

人生は誰でもない自分のもの。自分はどうしたいのかということが何より一番大切だ。人は思い描かないものを叶えることはできない。漠然と「幸せになりたい」「夢を叶えたい」と思っているだけでは、今も未来も輝くことはないのだ。

今すぐに、自分の人生のビジョンを描いてほしい。そして、きっとその通りになると信じることからまず始めて、できることから一つずつやることだ。

加えて伝えたい。最初から「あきらめる」という選択肢を選ばないこと。人はいつも悩み、傷つきながらそれを乗り越えていくのだということ。そして、もしも強く望むなら、その意志が強ければ強いほど、夢は叶うのだということも。

ウォルト・ディズニーは、夢を実現するための4つの大切なものとして「好奇心」「確信」「勇気」そして、「一貫性」を挙げている。

これを身につける努力を、私は歳を重ねてもなお続けたいと思っている。まだまだ若い皆さんに負けるわけにはいかないのだ。

それでは、輝く皆さんの未来に向けて、ボンボヤージュ！

鎌田 洋 HIROSHI KAMATA

1950年、宮城県生まれ。立教大学社会学部卒。

商社、住宅メーカー勤務を経て、1982年、(株)オリエンタルランド入社。

東京ディズニーランドオープンにともない、初代ナイトカストーディアル・エリアスーパーバイザーとして、ナイトカストーディアルキャストを育成。

その間、ウォルト・ディズニーがこよなく信頼を寄せた、アメリカのディズニーランドの初代カストーディアル・マネージャー、チャック・ボヤージン氏から指導を受ける。

その後、デイカストーディアルとしてディズニーのクオリティ・サービスを実践。

ディズニー・ユニバーシティ（教育部門）にて全キャストを指導、育成する。

1997年、フランクリン・コヴィー・ジャパン(株)代表取締役副社長を経て、
1999年、(株)ヴィジョナリー・ジャパンを設立。

著書に『ディズニー そうじの神様が教えてくれたこと』

『ディズニー 夢をかなえる神様が教えてくれたこと』(SBクリエイティブ)、

『ディズニーを知ってディズニーを超える顧客満足入門』(プレジデント社)他。

本書は2014年9月小社刊
『真夜中のディズニーで考えた働く幸せ』に
加筆・修正し、新装・改題したものです。

イラスト スズキタカノリ
ブックデザイン アルビレオ
組版 中尾 淳
協力 白石照美

真夜中の
ディズニーで考えた
幸せに働く未来

2023年6月20日 初版印刷
2023年6月30日 初版発行

著者 鎌田 洋
発行者 小野寺優
発行所 株式会社河出書房新社
〒151-0051 東京都渋谷区千駄ヶ谷 2-32-2
電話 03-3404-1201（営業）
03-3404-8611（編集）
https://www.kawade.co.jp/

印刷 凸版印刷株式会社
製本 加藤製本株式会社

Printed in Japan ISBN978-4-309-30027-6